中学校社会サポートBOOKS

Performance Task

中野英水

パフォーマンス課題を位置づけた中学校社会の単元&授業モデル

明治図書

はじめに

　パフォーマンス評価という言葉を現場でもよく聞くようになった。平成27年8月に出された，いわゆる「論点整理」の中で新しい学習指導に対する評価方法の一つとして例示され，また，平成29年3月に告示された新学習指導要領では，「三つの柱」として整理された資質・能力の育成を目指すことが示される中，新たな評価方法の探究の中で注目を集めている評価方法の一つである。パフォーマンス評価に対する注目は教育研究の世界だけでなく，実際に生徒の指導にあたる現場でも非常に高く，むしろ最近は，現場の先生方の関心が高いことを感じている。「主体的・対話的で深い学び」の実現に向けた授業改善の推進が進む中，現場での学習指導が大きく変わるとともに，学習評価の在り方も大きく問われている。

　「学習指導が大きく変わる中，学習評価はどのように変えていくべきか」といった議論の一つの回答が，パフォーマンス評価の導入であろう。新しい学習方法が様々なところで研究され，実践されている今こそ，新しい学習評価についても探究を深めていきたい。

新学習指導要領が目指す学習

　今，私たちが目の前にする生徒たちの生活は，この何十年かの間に激変した。さらに時代の変化は加速するばかりで，生徒たちが社会で活躍する頃にはさらに大きな変化が起きていることだろう。こうした急激な社会の変化を背景として，この変化に対応し，よりよい社会や世界を創る担い手として必要な資質・能力を生徒一人ひとりに身につけさせようというのが，今回の改定の基本的な考え方である。これを実現するために，育成を目指す資質・能力を明確化し，「主体的・対話的で深い学び」の実現に向けた授業改善を推進していくことを示している。

　育成を目指す資質・能力とは，学校教育が長年その育成を目指してきた「生きる力」であり，「何を理解しているか，何ができるか（生きて働く「知識・技能」の習得）」「理解していること・できることをどう使うか（未知の状況にも対応できる「思考力・判断力・表現力等」の育成）」「どのように学ぶか（学びを人生や社会に生かそうとする「学びに向かう力・人間性等」の涵養）」の三つの柱のことである。この資質・能力の育成に向けて，「主体的・対話的で深い学び」を実現しながら授業改善を推進していくのである。

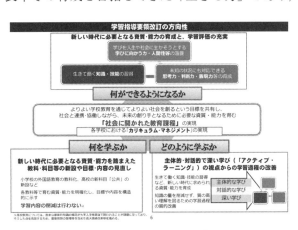

学習指導要領改訂の方向性
（中央教育審議会答申，2016年）

今なぜ「パフォーマンス評価」なのか

　このように新学習指導要領では，劇的に変化する予測不可能な社会情勢の中でたくましく生きていくための資質・能力としての三つの柱や主体的・対話的で深い学びを実現する授業改善が求められている。これからはこのことを意識した単元構成を考える必要があるだろう。一つの単元は，社会や学習に対する関心や意欲を土台として，必要な知識や技能を習得し，それを活用しながら社会的な課題解決を思考・判断し表現する中で，よりよい社会を築こうとする態度を養っていくという流れが考えられる。また，新学習指導要領ではESDの視点に立った記述も多く見られ，よりよい社会や世界の実現に向けて，様々な人々と協働しながら「今，自分は何をすればよいのか」といった最適解を目指す学習も重視されている。こうした学習を一体的に評価することは，もはやペーパーテストでは不可能だろう。学習指導が変われば学習評価も変わるということで，今，新しい学習に適した新しい学習評価の探究が始まっているのである。これからの学習は知識や技能の習得のみならず，これを活用して思考・判断・表現し，よりよい社会や世界の実現に向けての主体的な態度を育成していくのであるから，特定の部分だけをみとって評価する方法ではなく，先の単元構造を反映した総括的な評価方法が必要になる。

　平成28年12月に出された中央審議会答申では，「資質・能力のバランスのとれた学習評価を行っていくためには，指導と評価の一体化を図る中で，論述やレポートの作成，発表，グループでの話合い，作品の制作等といった多様な活動に取り組ませるパフォーマンス評価などを取り入れ，ペーパーテストの結果にとどまらない，多面的・多角的な評価を行っていくことが必要である」としており，評価方法の転換とパフォーマンス評価の有効性を示している。このように，学習指導の改善から新たな評価方法の探究が今，求められている。学習指導の改善と一体となって学習評価の改善を図ることが必要なのである。また，学習指導と学習評価は一体であるからこそ，学習評価の改善から学習指導の在り方を見直すことも重要である。今，学習指導と学習評価が一体となって改善されるときがきているのである。

学習指導の在り方から、学習評価の在り方を考える

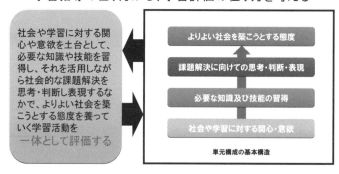

学習評価の在り方から、学習指導の在り方を考える

パフォーマンス評価とは

　ここで，改めてパフォーマンス評価とは何かということについて確認しておきたい。パフォーマンス評価については，京都大学大学院の西岡加名恵先生をはじめ，尊敬すべき先生方のすばらしい研究が進められているが，ここでは，それらの研究の成果に生徒を直接指導する現場教師としての筆者の経験からの解釈を交えながら論じていきたい。

　パフォーマンス評価は，**パフォーマンス課題とルーブリック（評価の指標）を生徒に示して課題に取り組ませ，示したルーブリックに基づき評価する評価方法の総称**である。それぞれの言葉の解釈は，以下の通りである。

「パフォーマンス評価」
　観察・対話・実技テスト・自由記述による筆記テストなどを手がかりとして，知識や技能の活用を含めた思考力・判断力・表現力及び態度などを総括的に評価する評価方法

「パフォーマンス課題」
　パフォーマンス評価を実施する際に提示する，具体的な事例を設定して構成された学習課題。習得した知識や技能を総合して活用する要素を含む。

「ルーブリック」
　パフォーマンス課題に含めた知識や技能の活用を見極めるための要素を含む記述から構成されている評価の指標。　　　　　　　　　（先行研究をもとに，筆者が解釈）

　ここで注意してほしい点は，パフォーマンスという言葉である。そこからは生徒の活動を連想してしまいがちだが，この言葉に込められた意味はそれだけではない。**パフォーマンスとは，知識や技能の活用を含めた思考力・判断力・表現力や態度を総括的，一体的に発揮した生徒の活動を意味する**と，筆者は解釈している。つまり，パフォーマンス評価とは，体育や音楽などの実技教科で行われているような実技テストとは異なる，学習活動の総括的な評価ということである。例えば，音楽における歌唱の実技テストは，生徒の歌唱の技能や歌唱による表現力をみとるテストであり，音楽の授業における総括的な評価ではない。しかし，ここでいうパフォーマンス評価は，その単元やこれまでの学習の成果を生かし，知識や技能の活用を含めた思考力・判断力・表現力や態度を総括的，一体的に評価する評価方法なのである。

	〈実技評価〉	〈パフォーマンス評価〉
評価対象・評価項目	特定の評価項目を評価	学習活動を総括的に評価
評価実施の位置	対象となる評価項目に合わせて	学習のまとまりの最後
評価の方法	実技テストが多い	文章表現や図化が中心

実技評価とパフォーマンス評価との比較

パフォーマンス評価の作成と実施にあたって

　パフォーマンス課題の作成にあたって意識することは，その単元の学習における生徒のパフォーマンスを十分に発揮できるものでなければならない。そのためには，単元における学習目標を明確にすること，学習目標を達成するために必要な知識や技能を習得させるための学習活動を単元指導計画の中に盛り込むこと，さらには習得した知識や技能を十分に活用して思考・判断・表現する学習場面を設定することが重要である（前述の学習構成の基本構造を参照）。そして，これらの目標や単元の学習に合わせて，パフォーマンス課題を検討する。ここまで論じてきたことを重視し，先行研究などでは単元指導計画を作成するにあたり，「逆向き設計」を提唱している。「逆向き設計」とは，単元の学習で最終的に身につけるべき学習成果から考え，その実現にはどのような学習が，どのような順序で必要なのかを考えるものである。社会科や各分野が目指す目標，単元の目標を意識しながらパフォーマンス課題を設定し，それに関連づけて単元指導計画や一単位時間の授業をデザインしていくのである。

　また，単元の目標―指導―評価の一体化という連続性をもち，学習が一体となって実施されることも重要である。新学習指導要領が示す資質・能力である三つの柱の育成を目指したパフォーマンス評価を考えることから，三つの柱の育成を目指した授業の工夫と改善が図られることが望ましい。「目標があって，それを実現するための授業があり，目標の達成具合を適切な評価方法で測定する」という流れをつくることで，パフォーマンス課題やルーブリックの設定がより的確なものとなるだろう。

　ルーブリックの作成にあたっても，学習目標を意識しながら作成する。学習目標を意識したルーブリックが提示されることで，生徒も課題に取り組む中で自然と学習目標を意識する。ルーブリックが評価の指標だけでなく，生徒の学習の指標となるよう工夫してほしい。

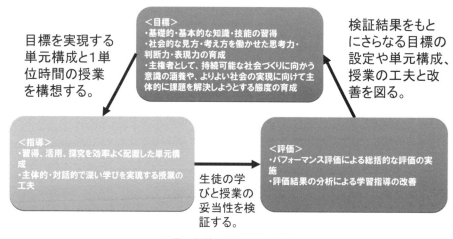

目標―指導―評価のサイクル

本書の使い方

　本書は，中学校社会科地理・歴史・公民の三分野における主要な中項目における単元指導計画とそれに基づくパフォーマンス課題とルーブリックを示している。本書を手に取った先生方が，日々の授業実践の中でそのまま活用できる内容としている。

　なお，筆者は読者の先生方と同じ実際に毎日社会科の授業を実践している現場の教師である。内容の作成にあたっては，このパフォーマンス課題を実施したときの生徒の活動や捉え方など，実際の教室の様子をイメージしながら作成した。この点からも専門家が書いた理論書というよりも，現場教師の実践から生まれた事例集という内容となっている。

　掲載しているパフォーマンス課題やルーブリックをそのまま活用するもよし，活用される先生方の状況に合わせてアレンジされるのもよしである。本書が一つのきっかけとなり，パフォーマンス評価や社会科の授業の在り方についての探究が深まり，活用される先生方の授業がいっそう向上するとともに，授業を受ける生徒の社会に対する意識が高まることを願っている。

本書の構成

　本書は，中項目ごとに6ページにわたり，「生徒に身につけさせたい力」「単元の目標」「単元の評価規準」「単元の指導計画」「授業展開例」としてパフォーマンス課題とルーブリック及びパフォーマンス課題を実施する授業の流れ，成果物の具体例と評価のポイントといった項目で構成している。掲載した20単元すべてがこの項目からなり，各項目のボリュームも統一してある。この統一した内容構成が本書の一つの特色であり，冒頭から一つずつ読み進めなくても，任意の単元だけを読んでいただいても成立する構成となっている。

　読まれた先生方の必要に応じて，「この単元の授業，どうしようかな？」と思ったときにこそ本書を活用していただきたい。その単元のページを開いていただければ，何かしらのヒントがそこにある。机上の本棚に置いておき，ちょっとしたときに手に取っていただける，授業構成やパフォーマンス評価の活用型参考事例集として使っていただけることを願っている。

本書の内容

（1）生徒に身につけさせたい力

　この項目では，新学習指導要領に基づき，この単元で，生徒にどのような力を身につけさせるかについてまとめた。前段で学習指導要領での単元の位置づけや学習内容，主なねらいなどにふれながら，理解させる内容と養うべき考察，構想，表現する力や態度についてまとめている。ここからは，その大項目や中項目が，新学習指導要領においてどのように位置づけられているかを読み取ってほしい。より深い授業を展開するためには，まず学習指導要領における位

置づけやねらいの理解が大切である。
(2) 単元の目標と評価規準
　新学習指導要領に示されている内容をもとに，単元全体の目標と評価規準を示した。評価規準の観点は，新しい学習指導要領に基づいて「知識・技能」「思考力・判断力・表現力」「主体的に学習に取り組む態度」の三観点で示した。この部分は，新学習指導要領に基づく学習指導案の作成などに活かしてもらえれば幸いである。
(3) 単元の指導計画
　参考事例として示した単元の指導計画を示した。単元指導計画の作成については，実際の現場での状況をかなり意識して作成した。そのため一般に示されている単元指導計画よりは配当時数が少ない単元もある。ここも本書の特色の一つといってよいだろう。実際の学校現場では，様々な事情があり，なかなか十分な授業時数が取れないことが多い。実際に現場で活用できる内容を目指した本書では，この点をふまえた単元指導計画とした。配当時数に余裕がある学校では，状況に合わせて弾力的に活用していただきたい。また，先に示した習得―活用―探究の流れも考えている。この点についても意識して授業を実施していただきたい。
(4) 授業展開例
　本書の核となる項目である。前ページの単元指導計画に基づいて，その単元におけるパフォーマンス課題とルーブリック及び授業の流れや留意点について示してある。パフォーマンス評価が総括的な評価であるという性格から，パフォーマンス課題の実施が単元の最後に設定されているものが多い。紙面の都合で単元の各授業については具体的に示せてはいないが，まずは単元指導計画から各授業の学習内容を想像しながら，パフォーマンス課題に入るまでの流れを読み取ってほしい。また，公民的分野14「私たちが生きる現代社会と文化の特色」では第4時と第7時に二段階で連続するパフォーマンス課題を設定した事例や，公民的分野15「市場の働きと経済」や公民的分野16「国民の生活と政府の役割」のように，単元の途中でパフォーマンス課題を実施した事例といったものも考えてみた。これは，学習指導要領の内容イに合わせてパフォーマンス課題を設定していることによる。読者の先生方がオリジナルでパフォーマンス課題を作成する場合は，習得した知識や技能を活用して考察，構想，表現するという学習の流れを意識し，学習指導要領の内容イの部分に着目しながら作成するとよいだろう。
　パフォーマンス課題の作成にあたって意識したことは，以下の三つである。

・単元の学習の流れに沿って，学習したことを活用させるものであること
・学習課題を実感し，また自分自身のこととして捉えさせるとともに，生徒の学習意欲を向上させるようなよりリアルな文脈であること
・課題を行うにあたって，その課題作成のプロセスを示す文脈であること

この三つは掲載した20単元のパフォーマンス課題作成のすべてにおいて意識した。言い換えるなら，この三つは既習性，主体性，論理性であり，課題に取り組む際の生徒に意識させたい基本的な項目である。この三つは，後述するルーブリックの作成にも関係するところである。そしてさらに，課題の解決や方策を構想させるものや歴史的事象を分析するもの，課題解決を求めるのではなく，改善点や追加点を加えることで過去の判断を現在の視点から分析・検討するものなど課題の設定にバリエーションをもたせた。パフォーマンス課題の設定については，いろいろな立場からの主張があり，まだ発展途上の段階にある。**本書ではあえて様々な例を提示することにより，読まれた先生方の検討の材料としたいと考えた。**本書で示したパフォーマンス課題とは違った設定で，アレンジを加えていただいてもかまわない。

　パフォーマンス課題を実施するにあたっては，論理的に思考を進めさせることを意識して，ワークシートに整理して分析する活動を入れている。繰り返しになるが，パフォーマンス評価は総括的な評価であるからこそ，これまでの学習の成果を整理・活用することが大切である。その手立てとしてのワークシートを掲載してある。**このワークシートの掲載も本書の特色の一つだろう。**ワークシートに整理しながら学習の成果や思考を可視化し，論理的な記述を書かせていくことを促したい。こちらについても掲載したものは参考例であるので，アレンジして活用いただきたい。

　ルーブリックは，三段階での基準を示した。先行研究ではもっと多くの段階で設定されたルーブリックを示し，複数の教員で検討会を行いながら評価していくことが示されているが，実際の学校現場ではなかなか難しい点もある。**本書では，より現場で使える評価方法としてという点を意識して三段階での基準とした。**提出された作品の中からA評価，B評価の標準となる作品（アンカー作品）を選び，それを基準として机の上に並べながら比較・検討し評価していく。美術の作品を教師が並べて比較・検討しながら評価しているのと同じイメージである。また，基準の設定では，観点項目を示したり分掌で表現したりするものなど，こちらもいろいろな形態のものを掲載した。こちらも読まれた先生方の検討の材料としてほしい。また，**A評価の基準に「より深い」など曖昧な表現を用いているのは，柔軟な評価ができるようにするための配慮である。**より客観性をもたせるよう数値的な基準を設けたり限定的な基準を設けたりしたこともあるが，この基準が影響して全体としてはかなり良好であるにもかかわらず，基準に達していないため評価が下がってしまうということがあり，実際の現場での評価活動から考えるとこの形式がよいのではないかと考えた。

（5）成果物の具体例と評価のポイント

　ここでは生徒が作成する事例を想定しながら実際の評価におけるポイントを示した。生徒の作品からルーブリックで示した評価の観点を読み取っていく。具体的に評価の観点を示している場合は，その観点に基づいてチェックし，効率的に評価できるというメリットがある。

CONTENTS

003 はじめに
007 本書の使い方

■ 地理的分野

012 ❶ 世界と日本の地域構成
地理的な根拠をもって，領土問題に関する意見書をまとめよう

018 ❷ 世界各地の人々の生活と環境
世界各地における人々の生活の特色や変容の理由を説明しよう

024 ❸ 世界の諸地域　アジア州
持続可能なアジアの発展に向けて，構造図をまとめよう

030 ❹ 地域調査の手法
都市型洪水の発生が予想される地域の防災調査報告書を作成しよう

036 ❺ 日本の地域的特色と地域区分
災害時の対応や復旧・復興を見据えた対応を報告しよう

042 ❻ 日本の諸地域　近畿地方
地域環境の課題を分析し，発展計画書にまとめよう

048 ❼ 地域の在り方
持続可能な地域の発展計画を構想しよう

■ 歴史的分野

054 ❽ 身近な地域の歴史
中学生に歴史と僕たちのつながりについて話そう

060 ❾ 古代までの日本
古代の王子になりきり，国の成り立ちをまとめよう

066 ⓾ 中世の日本
ユーラシアの地図をもとに，モンゴル帝国侵攻の理由を考えよう

072 ⓫ 近世の日本
役人になりきり，江戸時代が約260年続いた理由を論じよう

078 ⓬ 近代の日本と世界
TV番組で，これからの日本や世界に必要な考え方を提案しよう

084 ⓭ 現代の日本と世界
30年後の自分に，よりよい社会を築くためのメッセージを送ろう

■ 公 民 的 分 野

090 ⓮ 私たちが生きる現代社会と文化の特色
TV番組で，現代社会の生き方について最終意見を述べよう

096 ⓯ 市場の働きと経済
雇用と労働条件に関する改善策の原案を作成しよう

102 ⓰ 国民の生活と政府の役割
いろいろな人の立場をふまえながら，これからの財政のあるべき姿について主張しよう

108 ⓱ 人間の尊重と日本国憲法の基本的原則
日本の政治が日本国憲法に基づいて行われている理由を弟に説明しよう

114 ⓲ 民主政治と政治参加
旅先で見た地域や住民の努力にならい，あなたの街の課題を解決しよう

120 ⓳ 世界平和と人類の福祉の増大
総理大臣になって，軍縮や国際平和に向けての国際貢献を考えよう

126 ⓴ よりよい社会を目指して
SDGsに基づき，課題解決に向けて方策と行動宣言をレポートしよう

地理的分野

❶ 世界と日本の地域構成

地理的な根拠をもって，領土問題に関する意見書をまとめよう

生徒に身につけさせたい力

　平成29年告示の学習指導要領（以下，新学習指導要領と示す）における地理的分野の内容は，三つの大項目で構成されている。そのうちの大項目Ａでは，世界や日本の地誌学習に先立ち，世界と日本の地域構成の基本的な枠組みの理解を主な学習内容としている。この大項目は，解説社会編によれば「地理的分野の学習の導入として小学校の学習成果を踏まえ，（中略）世界と日本の地域構成を大観し理解する学習を通して，地域の諸事情や地域的特色を理解する際の座標軸となる視座を養うことをねらいとしている」とあり，この後に展開する諸地域の学習の土台となるべき重要な単元といえよう。

　そこで本単元では，緯度と経度，大陸と海洋の分布，主な国の名称と位置，我が国の国土の位置，世界各地との時差，領域の範囲や変化とその特色について理解し，世界や日本の地域構成の特色を多面的・多角的に考察し，表現することが求められる。その際，特に領土問題について取り扱うことが新学習指導要領に示されている。

単元の目標

　小学校の学習成果をふまえ，世界と日本の地域構成を大観し，緯度と経度，大陸と海洋の分布，主な国の名称と位置，我が国の国土の位置，世界各地との時差，領域の範囲や変化とその特色について理解し，世界や日本の地域構成の特色を多面的・多角的に考察し，表現する。

単元の評価規準

知識・技能
・小学校の学習成果をふまえ，緯度と経度，大陸と海洋の分布，主な国の名称と位置，我が国の国土の位置，世界各地との時差，領域の範囲や変化とその特色について世界と日本の地域構成を大観し，理解している。
思考力・判断力・表現力
・位置や分布などに関わる視点に着目して世界や日本の地域構成の特色を，多面的・多角的に考察し，表現している。
主体的に学習に取り組む態度
・学習を通じて地域の諸事情や世界や日本の地域的特色に関心をもち，それを理解する際の座標軸となる基礎を養っている。

単元の指導計画

時	主な学習活動	評価
1	◆緯度と経度を活用しよう 赤道や本初子午線，北半球や南半球などの意味を理解するとともに，地球儀や世界地図を活用して，地球上の位置を緯度や経度を使って示すことができるようにする。	・赤道や本初子午線，北半球や南半球などの意味を理解し，地球上の位置を緯度や経度を使って示している。（知技）
2	◆大陸と海洋の位置や分布 地球儀や世界地図を活用し，大陸と海洋の位置や分布を捉えるとともに，その形状や名称を理解する。	・大陸と海洋の位置や分布，形状や名称を理解している。（知技）
3	◆主な国々の名前と位置 行政の世界地図を活用して，世界の主な国々の地球規模での位置関係を捉えるとともに，面積や人口，国境，などの視点から世界の国々を整理する。	・世界の主な国々の位置関係を理解し面積や人口，国境，などの視点から世界の国々を整理している。（知技）
4	◆我が国の国土と位置 前時までの学習成果を活かして，地球規模での我が国の絶対的位置や相対的位置を捉え，地球規模での位置における我が国の特色を考察する。	・地球規模での我が国の絶対的位置や相対的位置を捉え，位置における我が国の特色を考察している。（思判表）
5	◆世界各地との時差 我が国と世界各地との時差から我が国と世界各地との位置関係を理解するとともに，等時帯などを活用しながら生活場面と結びつけて時差を活用できるようにする。	・我が国と世界各地との位置関係を理解している。（知技） ・等時帯などを活用しながら生活場面と結びつけて時差を活用している。（知技）
6	◆領域の範囲 領域や排他的経済水域などの概念について理解し，我が国の領域の特色を考察するとともに，我が国の領域をめぐる問題についての事実を理解する。	・領域や排他的経済水域などの状況から我が国の領域の特色を考察している。（思判表）
7	◆我が国の領域の特色 第6時の学習成果を活かしながら，北方領土を事例として我が国固有の領土であるが他国によって不法に占拠されている事実を理解し，我が国の主張の根拠を地理的な視点から考察する。	・我が国の主張の根拠を地理的な視点から考察している。（思判表） ・我が国の領土問題に対して関心がもてている。（態度）

授業展開例（第 7 時）

（1）パフォーマンス課題

> あなたは「北方領土問題について考える中学生の会」に参加する中学生です。この会で首相との「北方領土問題についての国民意見交換会」に参加することとなり，あなたも出席しました。そこでは様々な話を首相とすることができましたが，その中で首相から，
> 「君たちは，北方領土が我が国固有の領土であると日本政府が主張していることは知っているね。このことを広く日本国民全体が理解し主張していることをロシアの大統領に伝えたいんだ。次に日ロ首脳会談があるときに，君たちの意見書を持っていきたいので，君たち中学生の主張を後日首相官邸まで送ってくれないか」
> と頼まれました。そこであなたは，これまで学習してきたことを活かし，他の中学生の意見も聞きながら，地理的な根拠をもった北方領土が我が国固有の領土であるという理由を意見書にまとめましょう。

~北方領土が「我が国固有の領土である」という私の主張~

〇〇立〇〇中学校　氏名：＿＿＿＿＿＿

（文章で書かせる。行数は適時とる）

意見書の書式

（2）ルーブリック

	パフォーマンスの尺度（評価の指標）
A	・学習の成果を活かし，より明確な地理的な根拠を示しながら，他の中学生の意見も参考にして北方領土が我が国固有の領土であるという理由を主張している。
B	・学習の成果を活かし，地理的な根拠を示しながら北方領土が我が国固有の領土であるという理由を主張している。
C	・学習の成果が活かされていない（または不十分），地理的な根拠が示されていない（または不十分）などが見られる主張である。

(3) 授業の流れ
①導入
　導入では，前時を振り返り，領域や排他的経済水域の理解や竹島，尖閣諸島を含む我が国の領域をめぐる問題について振り返る。その後，北方領土の現在の写真を生徒に見せて興味・関心を高める。ロシア語を表記した看板を掲げた建物や民族衣装を着たロシア人が歓迎の儀式を行っている写真などがよいだろう。写真を見せたとき，「この写真の場所はどこだろう？」と生徒に問いかけると，生徒はモスクワなどのロシアの地名を答えたり，授業の流れから問題意識をもたずに北方領土と答えたりするだろう。そこで教師は，「北方領土は我が国固有の領土であると前回学習したよね。なのに，ロシア人の建物が立っていたりロシア人が民族衣装で歓迎の儀式をしたりするのはおかしいよね」と問いかける。さらにここで，北方領土がロシアと同色に塗られているロシアの地図を見せ，生徒に自分の地図帳と比較させる。「みんなの地図帳では北方領土は日本の領域に入っているのに，ロシアの地図ではロシアの領域に入っているよ。どういうことかな？」と問いかけ，北方領土問題の現実を感じさせたい。

②展開
　展開では，すぐにパフォーマンス課題に入る。「日本政府が，北方領土が我が国固有の領土であるというのには，もちろん根拠があるはずだよね。それはいったい何だろう？」と問いかけながら本時のパフォーマンス課題を提示する。提示した後，課題をいきなり考えさせるのではなく，以下のワークシートを配布して思考を整理させながら進める。

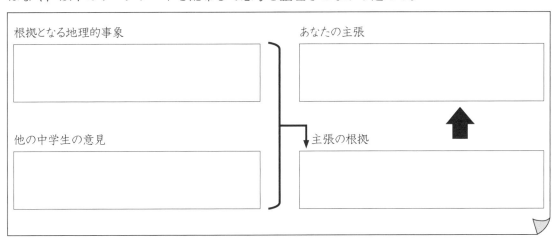

意見書を作成する前に作成するワークシート例

　本単元は，中学校入学後すぐに行う単元である。「地理的な根拠を示しながら北方領土が我が国固有の領土であるという理由を主張しなさい」といってもなかなか難しい時期であるので，生徒の発達段階を考慮して，主張を論述するための整理となるワークシートを活用することが有効である。また，この時期から様々な事象（事実）や他者の意見をもとに自分の主張を練り

上げていくという論理的な思考を練習させていくことは重要である。

　また，様々な資料を提示し，根拠となる地理的な事象を探すのだが，これもいきなりは難しいので，北方領土が含まれる地図を生徒に渡し，北海道から最も近い北方領土の場所と距離を探したり，北海道から北方領土まで最も近い納沙布岬から歯舞群島の貝殻島までの距離約3.7kmを半径にして自分の中学校を中心に円を描かせてその距離感を確かめたりするなどの課題を行ってから，自由に調べさせるとより円滑に進むだろう。生徒には，教科書や地図帳，資料集といった手持ちの資料の他に，独立行政法人北方領土問題対策協会や内閣府が提供している資料などを渡しておくとよい。さらに，この課題を進める際は，教師から根拠を探す地理的な視点として「位置」「分布」「自然との関係」「我が国との結びつき」「産業」「生活・文化」「歴史的背景」などを示しておくと，効率的に課題が進む。

　この課題は，グループで協力しながら進めるとよい。根拠となる地理的な事象を協力して探すことや，自分の考えを意見交換したりする活動の中で，自分の主張がより深まっていくのである。このワークシートが完成した段階で，展開部の学習活動を終える。

③まとめ

　まとめの部分では，北方領土の元島民の想いが書かれた文章を生徒に提示する。元島民の想いは，先に示した北方領土問題対策協会の資料やホームページから入手できるので，ぜひご覧いただきたい。そこには終戦後すぐにソ連軍が押し寄せ，自分の家や家財を奪われたことや死の恐怖を感じながら強制的に島を追い出されたことなどの体験や戦後長きにわたって返還運動を続けてきた苦悩，元島民の減少と高齢化などの今日的な課題などが綴られている。現実的な厳しさや墓参などで交流してきた現島民との友好関係など難しい問題を抱えながら，でも切実に故郷の返還を待ちわびる想いにふれさせて，北方領土早期返還への想いを高めたい。

　そして最後に，日本政府の北方領土返還に対する主張を提示して本時を締めくくる。パフォーマンス課題に対する課題だけでなく，授業全体での学びや印象を含めて意見書を書き，後日提出させる。

◎北方領土問題についての政府の基本的立場

①歯舞群島，色丹島，国後島及び択捉島からなる北方四島は，未だかつて一度も外国の領土となったことがない我が国固有の領土である。我が国としては，北方四島の帰属の問題を解決して平和条約を締結するという一貫した基本方針のもと，強い意志をもってロシアと交渉を進めていく。

③北方領土問題の解決にあたって，我が国としては(1)北方四島の日本への帰属が確認されれば，実際の返還の時期，態様については，柔軟に対応する，(2)北方領土に現在居住しているロシア人住民については，その人権，利益及び希望を，北方領土返還後も十分に尊重していく，こととしている。
　（②は略しました。詳細については，外務省や内閣府などのホームページをご覧ください）

成果物の具体例と評価のポイント

①評価基準Aの具体例

　A評価は，B評価の基準を満たしたうえで明確な地理的な根拠を示すこと，他の中学生の意見も参考にしていることが評価のポイントである。

　右の例は，北方領土が一度も他国の領土となっていないという歴史的な背景から始まり，北方領土の水産物は我が国の重要な資源であり，地域社会運営の重要産業ともなっているという産業の視点や，納沙布岬からわずか3.7kmで根室半島や知床半島からの延長線上にあり，海嶺でつながっているという距離や地形の視点，さらにグループでの意見にもふれており，B基準を満たしたうえで，さらにA基準を満たしていると判断できる。

> 領域とは，一つの国の範囲をいい，領土はその中心的な部分であり，国としての重要な要素である。北方領土は，一度も他国の領土となっていないという歴史的な背景をもち，そこには昔から日本人が生活していた事実がある。また，不法に占拠された現在でも北方領土の水産物は我が国の重要な資源であり，地域社会運営の重要産業ともなっている。さらに地理的に見ても納沙布岬からわずか3.7kmで根室半島や知床半島からの延長線上にあり，海嶺でつながっている。グループでの意見交換の中でもロシア領であるという根拠は見つからなかった。ゆえに，北方領土は我が国固有の領土であるといえる。

②評価基準Bの具体例

　B評価は，学習の成果を活かしていること，地理的な根拠を示していることが評価のポイントである。

　右の例は，日露間の領土確定の経緯について学習成果を活かしながら詳しく説明されている。さらに，距離や地形的にも北海道の一部として考えられるなど地理的な根拠も示して主張しているのでB評価に値するが，領土確定の経緯について詳しく説明しているがゆえに，それ以上の広がりが見られない。また，地理的な根拠もかろうじて表現されてはいるものの，物足りなさが残る。

> 北方領土は1855年締結の日露通好条約以降，何度も領土確定の条約が結ばれながらも，一度として日本の領土を離れたことのないところです。そこには昔から多くの日本人が住み，生活の場となってきました。しかし，終戦間際，ソ連が一方的に日ソ中立条約を破って島に侵攻してきたのです。これは国際条約違反で北方領土を自国の領土として認める根拠にはなりません。1951年締結のサンフランシスコ平和条約でも日本は北方領土を放棄しておらず，放棄した地域の帰属もはっきりしていません。さらに距離や地形的にも北海道の一部と考えられる北方領土は，我が国固有の領土といえます。

このような事例は多く見られると予想されるが，A評価にするには，不十分さが残る回答である。

地理的分野

❷ 世界各地の人々の生活と環境

世界各地における
人々の生活の特色や変容の理由を説明しよう

生徒に身につけさせたい力

　本単元は，大項目Bの最初の中単元に位置する。この中単元を学習した後，世界をいくつかの地域に分けて地誌的に学習する「世界の諸地域」があり，この後諸地域学習を進めることを前提に，世界を人々の生活と環境という視点から概観してその多様性や関連性について理解を深める単元となっている。ここでは，世界の人々の生活や環境の多様性やそれらの相互依存関係を理解し，「イ(ア)　世界各地における人々の生活の特色やその変容の理由を，その生活が営まれる場所の自然及び社会的条件などに着目して多面的・多角的に考察し，表現する」力を育成することが求められる。

　そこで，本単元では，資料から人々の生活の工夫や伝統的な生活と現代の変化を捉える学習や地域間における共通点や相違点を探す学習，衣食住や宗教と人々の生活との関連を探る学習などを行いながら身につけさせたい力の育成を目指す。

単元の目標

　人々の生活は，その地域の自然及び社会的条件と密接に影響し合うことや，世界の人々の生活や環境は多様であることを理解するとともに，世界各地における人々の生活の特色やその変容の理由を，その地域の自然及び社会的条件などに着目して多面的・多角的に考察し，表現する。

単元の評価規準

知識・技能
・人々の生活は，その地域の自然及び社会的条件と密接に影響し合うことや，世界の人々の生活や環境は多様であることを理解している。
思考力・判断力・表現力
・世界各地における人々の生活の特色やその変容の理由を，その地域の自然及び社会的条件などに着目して多面的・多角的に考察し，表現している。
主体的に学習に取り組む態度
・世界各地の人々の生活や環境の多様性や相互依存関係に関心をもち，それらを意欲的に追究しながら世界の多様な生活や文化を尊重する態度を養っている。

単元の指導計画

時	主な学習活動	評価
1	◆世界の様々な環境 世界全体を眺めながら主に，気候や植生の違いを概観するとともに，景観写真や雨温図の見方を身につける。	・世界の気候の違いや分布を理解している。（知技） ・景観写真や雨温図の見方を身につけている。（知技）
2	◆暑い地域の暮らし 熱帯地域を事例として景観写真や雨温図などの資料を活用しながら地域の特色や変容を捉える。	・資料を活用して地域の特色や変容を捉え，理解している。（知技）
3	◆乾燥した地域の暮らし 乾燥地域を事例として景観写真や雨温図などの資料を活用しながら地域の特色や変容を捉える。	・資料を活用して地域の特色や変容を捉え，理解している。（知技）
4	◆温暖な地域の暮らし 温帯地域を事例として景観写真や雨温図などの資料を活用しながら地域の特色や変容を捉える。	・資料を活用して地域の特色や変容を捉え，理解している。（知技）
5	◆寒い地域の暮らし 亜寒帯や寒帯地域を事例として景観写真や雨温図などの資料を活用しながら地域の特色や変容を捉える。	・資料を活用して地域の特色や変容を捉え，理解している。（知技）
6	◆高い地域の暮らし 標高の高い地域を事例として景観写真や雨温図などの資料を活用しながら地域の特色や変容を捉える。	・資料を活用して地域の特色や変容を捉え，理解している。（知技）
7	◆衣食住から見た世界の生活と環境 世界全体を衣食住の視点から共通性や相違性を捉えるとともに自然との関連や現代における変化を捉える。	・衣食住の視点から共通性や相違性，自然との関連や変化を理解している。（知技）
8	◆宗教から見た世界の生活と環境 世界全体を宗教の視点から共通性や相違性を捉えるとともに生活への影響や現代における変化を捉える。	・宗教の視点から共通性や相違性，生活への影響や変化を理解している。（知技）
9	◆自然や社会と関わる人々の生活 これまでの学習の成果をもとに，世界各地における人々の生活の特色やその変化の理由を，その地域の衣食住や宗教にふれながら，自然条件や社会条件に着目して考え，説明する。	・世界各地における人々の生活の特色やその変化の理由を説明している。（思判表） ・多様な生活文化を尊重する態度を養っている。（態度）

授業展開例（第9時）

（1）パフォーマンス課題

> あなたは，世界各地の人々の生活や環境について研究する大学生です。大学の研究では，これまで世界各地の人々の生活や環境について，様々な資料を活用して調査・研究してきました。その結果，人々の生活は，地形や気候，草木の生え方などの自然条件や村や町の成り立ちや道路などの開発といった社会条件と密接に関係して構成され，生活と環境の各地で様々であることや，それぞれが関係し合っていることがわかりました。また，衣食住の違いや変化，宗教と生活との関係についてもわかってきました。
>
> そのような中，学生たちは指導担当の教授から呼び出され，このような話がありました。
> 「諸君もこれまで随分と熱心に研究に打ち込んできたな。世界各地の人々の生活や環境についてさぞかし理解も深まってきたことだろう。そこで，今日は皆の力を試したいと思う。この課題に挑戦してみなさい」
> 教授はそういって課題の書かれた紙を学生に渡しました。
>
>> これまでの研究で扱ったことのない国（または地域）を任意に設定し，世界各地における人々の生活の特色やその変化の理由を，その地域の自然条件や社会条件に着目して考え，説明しなさい。その際，その地域の衣食住や宗教についても必ずふれること。
>
> 学生たちはこの課題を手に取ると，すぐさま教室を飛び出して資料集めに行きました。

（2）ルーブリック

	パフォーマンスの尺度（評価の指標）
A	・B基準を満たしたうえで，より多面的・多角的な考察が見られる。 ・B基準を満たしたうえで，より具体的な考察が見られる。
B	・これまでの学習の成果を活かしている。 ・世界各地における人々の生活の特色やその変化の理由を，その地域の自然条件，社会条件の両方に着目して書かれている。 ・その地域の衣食住や宗教についても，その関連にふれている。 ・論理的な文章構成になっている。
C	・これまでの学習の成果があまり反映されていないものである。 ・その地域の自然条件，社会条件に対する着目がない（またはどちらかが欠けている）。 ・その地域の衣食住や宗教についての関連にふれていない（またはどちらかが欠けている）。 ・論理的な文章構成になっていない。

（3）授業の流れ

　本時は，ここまでの単元の学習を受けて，世界各地における人々の生活の特色やその変容の理由を，その地域の自然及び社会的条件などに着目して多面的・多角的に考察し，表現するという思考力・判断力・表現力等の育成に関する時間として位置づけている。

　大まかな授業の流れは，任意の国（または地域）を選び，設定したパフォーマンス課題に即しながら，理解してきた人々の生活と地域の自然及び社会的条件との関係性，世界の人々の生活や環境の多様性に関する理解をもとに，世界各地における人々の生活の特色やその変容の理由を，その地域の自然及び社会的条件などに着目して多面的・多角的に考察し，表現する学習活動を行う。

①導入

　導入では，前時までの学習を軽く振り返った後，すぐに本時のパフォーマンス課題を生徒に提示する。パフォーマンス課題についての説明が終わったら，地図帳の世界全図などを見ながら生徒一人ひとりに任意の国（または地域）を設定させて課題に入らせる。

　パフォーマンス課題のポイントは，まず「大学の研究では，これまで世界各地の人々の生活や環境について，様々な資料を活用して調査・研究してきました」という部分である。これは，第8時までの学習過程を示している。また，「その結果，人々の生活は，地形や気候，草木の生え方などの自然条件や村や町の成り立ちや道路などの開発といった社会条件と密接に関係して構成され，（中略）衣食住の違いや変化，宗教と生活との関係についてもわかってきました」という部分は，これまでの学習の成果を示している。これらの記述は，本時のパフォーマンス課題に，これまでの学習過程や学習成果を前提にして取り組ませることを意図している。

②展開

　パフォーマンス課題を進めるにあたっては，手持ちの資料の他，学校図書館に所蔵してある世界の地域や国々について詳しく示してある書籍などを活用させたい。本時は図書室などで実施し，説明の後，自由に資料を探して課題に取り組ませる。ここではインターネットなどの検索の活用は避けたい。一年の初期の頃での実施を考えると，キーワードで検索し，情報を安易に集めるのではなく，資料から有用な情報を集める過程で考えたり，目的の情報の周辺にある情報にも目を向けたりさせたいところである。

　集めた情報は，整理のためのワークシートに書かせていく。集めた有用な情報を関連づけたり，原因と結果の関係でつなげたりする活動を可視化しながら進めさせることで，論理的な思考の力を育てていくのである。ワークシートには，単に調べたことを書き込むだけでなく，事象間の関連や因果関係，事象の変化などは赤ペンで書き込ませ，思考についても可視化させておく。

◆対象とした地域…（　　　　　　　　　　）	
●地域の自然条件	●地域の社会条件
●地域の衣食住	●地域の宗教

↓

★地域における人々の生活の特色の理由
★地域における人々の生活の変化の理由

整理のためのワークシート例

　ワークシートが完成したら，それをもとに文章化させる。その際，先に示したルーブリックのB基準に着目させる。ワークシートに●印で示した項目が論理的につながり，意味の通った文章になっていることが望ましいことを理解させてから書かせる。また，文章には景観写真などの参考となる資料を適宜添付させる。資料を提示しての説明も，根拠を明確にした論理的な文章構成の一つとして取り入れさせたい。掲載できる点数を制限して個人で準備させるようにすれば可能だろう。単元の最終時での課題なので，任意に設定した記述までの提出として，時間をかけてしっかりと思考，表現させたい。課題の作成形式はレポート形式の他，新聞形式，ポスター形式などいろいろ考えられるが，対象となる生徒の状況や学校事情，担当する教師の意向などで設定してもらえればと思う。その際，ルーブリックを確認，調整してほしい。

③まとめ

　本時としての学習活動は，ワークシートの作成やそれをもとにした作品の作成で終わるが，その際には単元の学習のまとめとして，授業としてのまとめは，人々の生活がその地域の自然及び社会的条件と密接に影響し合うことや，世界の人々の生活や環境は多様であることの理解を確認して終わりたい。「同じ人々の生活でも，地域の自然環境や社会的条件の違いによって随分と違うな」「同じ人々の生活でも，私たち日本人の生活とは随分違っているところがあるな」「こんなに地域が違っても考えることは同じだな」などの気づきが生徒から出てくるようであればよいだろう。これらの世界の諸地域に対する関心と理解が，この後に続く世界の諸地域の学習のレディネスとなる。

　なお，完成した作品は，ぜひ生徒が目にするところに展示したい。展示の方法は，掲示や冊子にして自由閲覧させるなどいろいろ考えられる。学習成果の共有は，生徒にとっても関心の高いところであり，これから進む地理学習に対する興味も深まることだろう。

成果物の具体例と評価のポイント

①評価基準Aの具体例

A評価は，B評価を満たしたうえで，より多面的・多角的な考察であったり，より具体的な考察であったりすることが評価のポイントである。

右の例は，地域の自然条件，社会条件の両方に着目し，かつ地域の衣食住や宗教についても，その関連にふれているというB評価を満たしたうえで，年平均気温や年降水量を挙げて説明するという，具体的な表現が見られる。また，近年の経済発展については，工業化による経済発展のみならず，この国の最大の特色である観光業の振興にふれるなど，対象地域を多面的に分析する記述が見られるので，A評価に値すると判断した。

◆対象とした地域…（エジプト）
エジプトは雨温図で調べると年平均気温21.8℃，年降水量26.6mm の地域で，授業で学習した乾燥した地域に近い。この暑く乾燥した気候に適した生活様式として，日干しれんがの家屋や締めつけの少ない緩やかな服装，豆や野菜を使った料理が特徴的である。また，イスラム教の国であるため豚肉を食べない食生活や女性の肌を露出しない服装など宗教上の影響が多く見られるのが特徴である。しかし，近年はファストフード店の進出による若者を中心とした食生活の変化や工業化や観光業の振興による経済発展により伝統的な生活様式が失われつつもある。特に観光業の振興は他地域にない地域の特色として注目され，積極的に進められている。

②評価基準Bの具体例

B評価は，地域の自然条件，社会条件の両方に着目し，かつ地域の衣食住や宗教についても，その関連にふれていることが評価のポイントである。

右の例は，学習した雨温図を活用して乾燥した地域と判断し，暑くて乾燥した地域に適した伝統的な衣食住が今でも多く見られるという地域の特色を指摘している。また，ファストフード店の進出や工業化による経済発展からこれらの伝統的な生活様式も一部で失われてきているという地域の変容についてもふれている。全体として，学習成果を活かした論理的な文章と判断し，B評価とした。

◆対象とした地域…（エジプト）
エジプトは雨温図で調べると授業で学習した乾燥した地域に近い。この暑く乾燥した気候に適した生活様式として，日干しれんがの家屋や締めつけの少ない緩やかな服装，豆や野菜を使った料理が特徴的である。また，イスラム教の国であるため，豚肉を食べない食生活や女性の肌を露出しない服装など宗教上の影響が多く見られるのが特徴である。しかし，近年はファストフード店の進出による若者を中心とした食生活の変化や工業化に伴う経済発展により伝統的な生活様式が失われつつもある。

地理的分野

❸ 世界の諸地域　アジア州

持続可能なアジアの発展に向けて，構造図をまとめよう

生徒に身につけさせたい力

　本単元は，中項目(2)で示されている六つの地域の一つであるアジア州について，主題を「人口増加と急速な経済発展」として設定した。ここでは，アジア州に暮らす人々の生活をもとに，アジア州の地域的特色を大観し，世界各地で見られる地球的課題がアジア州の地域的特色の影響を受けてアジア州独特の様相を見せていることを理解するとともに，空間的相互依存作用や地域などに関わる視点に着目して，アジア州で見られる地球的課題の要因や影響をアジア州の地域的特色と関連づけて多面的・多角的に考察し，表現する力の育成を目指したい。

　そこで本単元では，アジア州全体を自然環境，農業，工業の視点から大観した後，東アジア，東南アジア，南アジア，西アジア，四地域に分けながらモンスーンアジアと乾燥アジアの視点にも着目しながらアジア州を捉え，これらの学びを活かしながら経済発展と課題解決の両立を目指す持続可能なアジアの発展に向け進めていかなければならない努力について考察する。

単元の目標

　空間的相互依存作用や地域などに着目し，人口増加と急速な経済発展という主題をもとに，課題を追究したり解決したりする活動を通して，アジア州の地域的特色や地球的課題を理解するとともに，アジア州地球的課題の要因や影響をアジア州の地域的特色と関連づけて多面的・多角的に考察し，表現する。

単元の評価規準

知識・技能
・アジア州に暮らす人々の生活をもとに，アジア州の地域的特色を大観し，世界各地で見られる地球的課題がアジア州の地域的特色の影響を受けてアジア州独特の様相を見せていることを理解している。
思考力・判断力・表現力
・空間的相互依存作用や地域などに関わる視点に着目して，アジア州で見られる地球的課題の要因や影響をアジア州の地域的特色と関連づけて多面的・多角的に考察し，表現している。
主体的に学習に取り組む態度
・持続可能なアジアの発展に関心をもち，持続可能なアジア州の発展について主体的に考え，アジア州の発展に参画する態度を養っている。

単元の指導計画

時	主な学習活動	評価
1	◆アジア州の自然環境 資料を活用してアジア州の地形や気候の特色を読み取り，モンスーンアジアと乾燥アジアの違いやアジア州の自然環境について大観する。	・地形や気候を中心にモンスーンアジアと乾燥アジアの違いやアジア州の自然環境について大観している。（知技）
2	◆地域によって異なる農業 資料を活用してモンスーンアジアと乾燥アジアでの農業の違いを読み取り，それが生活や文化の違いを生み出していることについて大観する。	・モンスーンアジアと乾燥アジアでの農業の違いや生活，文化の違いについて大観している。（知技）
3	◆地域によって異なる工業 資料を活用して沿岸部と内陸部の工業の違いを読み取り，経済発展や人口分布の違いを大観する。	・沿岸部と内陸部の工業の違いや経済発展，人口分布の違いを大観している。（知技）
4	◆急速に発展をとげた東アジア 中国や朝鮮半島の国々を事例に，東アジアの急速な工業化や経済発展，人口増加，日本との関連について理解する。	・東アジアの急速な工業化や経済発展，人口増加，日本との関連について理解している。（知技）
5	◆経済発展を目指す東南アジア ASEAN諸国を事例に，日本や外国との関わりの中で進んでいる地域の工業化について理解する。	・日本や外国との関わりの中で進む地域の工業化について理解している。（知技）
6	◆産業の発達が進む南アジア インドを事例に，日本や外国とのつながりや文化を活かした産業の発展について理解する。	・日本や外国とのつながりや文化を活かした産業の発展について理解している。（知技）
7	◆資源が豊富な西アジア 豊富な資源を活用して西アジアが経済発展している様子や，日本や外国とのつながりについて理解する。	・豊富な資源を活用して経済発展している様子について理解している。（知技）
8	◆よりよいアジア州を目指して 単元の学習成果を活かして，経済発展と課題解決の両立を目指す持続可能なアジアの発展に向け進めていかなければならない努力について，アジア州の地域的特色を分析し，地理的な根拠を挙げて課題を整理しながら論理的に考察する。	・アジア州の地球的課題の要因や影響を地域的特色と関連づけて多面的・多角的に考察し，表現している。（思判表） ・アジア州の発展に参画する態度を養っている。（態度）

授業展開例（第8時）

（1）パフォーマンス課題

> あなたは，アジア地域研究所の研究員です。あなたはアジア全体の様子やアジア各地の発展の状況について仲間と協力しながら日夜調査を続けてきました。そんなある日，研究所の所長が研究員たちに声をかけました。
>
> 「皆がこれまで調査してきた通り，今日のアジアは目覚ましい発展をとげている。しかし，その発展を調査していると，その裏で進行している大きな課題も見えてきたのではないかな。その大きな課題とは何なのか明確に分析することが大切じゃ。そして経済発展を進めつつもこれらの課題を解決していかなければアジアの真の発展はない。経済発展と課題解決の両立を目指す持続可能なアジアの発展のためにはどのような努力が必要なのか，様々な立場に立って考えてみよ。研究員の皆は後日，自分の考えをまとめて私に提出せよ」
>
> この言葉に応えるべくあなたは，経済発展と課題解決の両立を目指す持続可能なアジアの発展に向け進めていかなければならない努力について，アジア州の地域的特色を分析し，地理的な根拠を挙げて課題を整理しながら，構造図にまとめて所長に提出しましょう。

〈経済発展と課題解決の両立を目指す持続可能なアジアの発展に向けての構造図〉

アジア州全体を通した地域的特色

↓

アジア州の地域的な課題

↓

持続可能なアジアの発展に向けた努力

構造図の書式（ワークシート）

（2）ルーブリック

	パフォーマンスの尺度（評価の指標）
A	・B評価を満たしつつ，持続可能なアジアの発展に向けた努力が多面的・多角的に述べられている。
B	・学習の成果を活かし，アジア州全体を通した地域的特色や課題の分析をもとに，発展と課題解決の両立を目指した持続可能なアジアの発展に向けた努力が述べられている。
C	・学習の成果の活用や地域的特色や課題の分析などについて不十分な点が見られる。

（3）授業の流れ

　アジア州の学習は，地域の多様性から地域的特色を捉えさせるのが難しいとよくいわれる。確かに他の地域のように「アジア州は，〇〇な地域だ」という表現はあまり聞いたことがない。多様性こそがアジア州の地域的特色なのかもしれないが，それでは捉えどころがない。

　そのようなアジア州の学習を進めるにあたって，本単元の指導例では，地域の視点，産業の視点，そして，自然環境の視点で分けて地域的特色を捉え，それらを総合してアジア州全体の地域的特色を見いださせる工夫をした。またアジア州全体の地域的特色を見いださせるときには，本単元の主題である「人口増加と急速な経済発展」を意識させることで，より明確な地域的特色を捉えさせるようにしてある。そして第8時では，単元の学習を十分に活かしながら，経済発展と課題解決の両立を目指す持続可能なアジアの発展に向けて進めていかなければならない努力について考えるパフォーマンス課題に取り組む。

①導入

　本時は，本単元のまとめの時間に位置する。これまでの学習の成果を活かして経済発展と課題解決の両立を目指す持続可能なアジアの発展に向けて進めていかなければならない努力について，アジア州の地域的特色を分析し，地理的な根拠を挙げて課題を整理しながら構造図にまとめて表現する活動を行う。

　まずは，これまでの学習の成果を整理することから始めよう。ワークシートを活用して整理を進める。本時に入るまでの学習では，アジア州全体の地域的特色を自然環境，農業，工業の視点から，東アジア，東南アジア，南アジア，西アジア，四地域に分ける地域の視点から，モンスーンアジアと乾燥アジアの視点から捉えてきた。これをグループで協力しながら進めさせる。ワークシート中央にあるアジア全体を通した地域的特色は，本単元の主題である「人口増加と急速な経済発展」を意識しながら書かせたい。

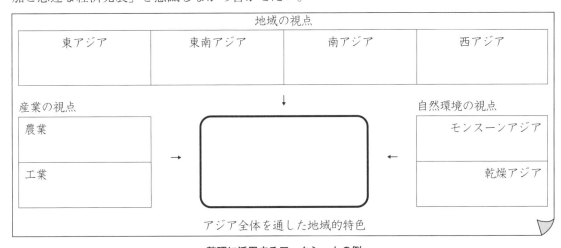

整理に活用するワークシートの例

②展開

　導入の整理が終わったら，前述のパフォーマンス課題を生徒に示し，課題に取り組ませる。パフォーマンス課題の文中でポイントとなるところは，「あなたはアジア全体の様子やアジア各地の発展の状況について仲間と協力しながら日夜調査を続けてきました」である。この文章は，生徒がこれまで進めてきた学習の過程を意味し，課題に取り組む際にこれまでの既習知識を活用させることを暗示している。また，「様々な立場に立って考えてみよ」は，多面的・多角的な視点から課題を考えさせることをねらっている。

　このパフォーマンス課題の意図するところは，アジア州の経済発展を中心に学習を進める中で進行する地域の課題に気づき，それを分析する中で課題解決を探らせること，経済発展を否定するのではなく，経済発展と課題解決の両立を目指す持続可能なアジアの発展のための努力を多面的・多角的に考えさせることにある。このような学習活動を通じて，アジア州の地域的特色とその課題を理解させ，持続可能なアジアの発展に関心をもち，持続可能なアジア州の発展について主体的に考え，アジア州の発展に参画する態度を育成することを目指す。

　パフォーマンス課題に取り組む際は，前に掲載したワークシートや構造図を活用する。こうした教材を活用することによって，自らの思考を可視化し，論理的に思考を構築しながら自らの考えを立てさせていく。構造図の流れは思考の流れであり，事象の根拠や因果関係を示している。こうした学習活動を繰り返すことによって，生徒は論理的な思考のパターンを身につけ，自ら論理的に考えるようになっていく。

　また，パフォーマンス課題に取り組む手順としては，個人で思考させた後，グループでお互いの思考を意見交換させる。意見交換では，自分が気づかなかった課題や努力にふれることができ，自分の思考を深めることができる。グループで意見交換をしながら，新たな思考をつけ加えさせて充実させたい。

③まとめ

　構造図が完成したら，その一部をクラス内で共有してもよい。机間指導をする中で選んでおいた生徒に発表させ，自分の構造図をさらによくするための参考にさせる。完成した構造図を提出し，本時及び本単元が終了する。

　構造図の評価は，先に示したルーブリックによって行う。評価は，学習の成果を活かしていること，アジア州全体を通した地域的特色や課題の分析をもとにしていること，発展と課題解決の両立を目指した持続可能なアジアの発展に向けた努力が述べられていることの三つの観点で行うこととし，それが十分満たされるようであればB評価となる。構造図の三か所の記述を吟味して評価する。

成果物の具体例と評価のポイント

①評価基準Aの具体例

A評価は，B評価を満たしつつ，持続可能なアジアの発展に向けた努力が多面的・多角的に述べられていることが評価のポイントである。

右の例は，学習の成果を活かしながら地域的特色や課題の分析を行い，発展と課題解決の両立を目指した持続可能なアジアの発展に向けた努力が述べられている。B評価の基準を満たしたうえで外国からの企業を誘致し，開発を進めていくという開発推進の視点だけでなく，環境に配慮した開発の仕方を諸外国の先進例から取り入れるという環境配慮や持続可能な開発の視点も含めており，A評価に値すると判断できる。

> 各地で産業や経済の発展に地域差が見られ，都市部や沿岸部に多い。主に沿岸部と内陸とで経済格差が大きい地域である。
> ↓
> 経済発展が進む中で同じ国や地域でありながら生活水準に大きな差ができたり，開発の裏で環境破壊が深刻化したりしている。
> ↓
> 沿岸部のように内陸部でも外国企業を誘致して外国からの企業を誘致し，開発を進めていくと同時に，環境に配慮した開発の仕方を諸外国の先進例から取り入れる。

②評価基準Bの具体例

B評価は，学習の成果を活かしていること，アジア州全体を通した地域的特色や課題の分析をもとにしていること，発展と課題解決の両立を目指した持続可能なアジアの発展に向けた努力が述べられていることが評価のポイントである。

右の例は，学習の成果の活用，地域的特色や課題の分析，持続可能なアジアの発展に向けた努力についてそれぞれ十分な記述があり，B評価を満たしていると考えられる。しかし，努力の記述は，外国からの企業を誘致し，開発を進めていくことだけにとどまり，多面的・多角的に述べられているとはいいがたく，A評価としては不十分であると判断する。

> 各地で産業や経済の発展に地域差が見られ，都市部や沿岸部に多い。主に沿岸部と内陸とで経済格差が大きい地域である。
> ↓
> 経済発展が進む中で地域間の経済格差が広がり，同じ国や地域でありながら生活水準に大きな差ができている。
> ↓
> 沿岸部の地域では外国企業を誘致し，その経済力で発展している地域のように，内陸部でも沿岸部のように外国からの企業を誘致し，開発を進めていく。

地理的分野

❹ 地域調査の手法

都市型洪水の発生が予想される地域の防災調査報告書を作成しよう

生徒に身につけさせたい力

　この中項目は，新学習指導要領解説社会編によれば，「場所などに関わる視点に着目して，地域調査の手法やその結果を多面的・多角的に考察し，表現する力を育成する」ことを主なねらいとしている。学校周辺の地域の地理的な事象を学習対象として，地域調査を行う際の視点や方法を理解するとともに，そのために必要な地理的技能を身につけられるようにすることが求められる。

　そのため，この中項目では，文献調査だけでなく，直接地域を観察したり調査したりするフィールドワークを行って地理的な事象を見いだすことも行う。また，資料は文献資料や地形図だけでなく，GISを活用して得られた地理空間情報を活用する技能も身につけさせたい。この学習で養われた力は，この後に実施される中項目(3)「日本の諸地域」や(4)「地域の在り方」の学習に活かしていく。

単元の目標

　場所などの視点に着目し，観察や野外調査，文献調査を行う際の視点や方法，地理的なまとめ方の基礎を理解し，地形図や主題図の読図，目的や用途に合わせた地図の作成などの地理的技能を身につけるとともに，調査の手法やその結果を多面的・多角的に考察し，表現する。

単元の評価規準

知識・技能
・場所などの視点に着目し，観察や野外調査，文献調査を行う際の視点や方法，地理的なまとめ方の基礎を理解している。 ・地形図や主題図の読図，目的や用途に合わせた地図の作成などの地理的技能を身につけている。
思考力・判断力・表現力
・地域調査において，対象となる場所の特徴などに着目して，適切な主題や調査，まとめとなるように，調査の手法やその結果を多面的・多角的に考察し，表現している。
主体的に学習に取り組む態度
・身近な地域の地理的な事象に対しての深い理解をもとに，身近な地域に対して深い愛情をもっている。

単元の指導計画

時	主な学習活動	評価
1	◆取り上げる事象の決定 ここでは板橋区赤塚・成増地域を例として防災について調査する。「赤塚・成増地域では，どのような災害が起こるだろうか？」という問いを学級で考え，豪雨における都市型洪水について調査することを決める。	・板橋区赤塚・成増地域での防災について関心をもち，意欲的に地域調査に取り組もうとしている。（態度）
2	◆事象を捉える調査項目の決定と観察・調査 赤塚・成増地域で豪雨における都市型洪水が起こりやすいと考えられる地域を地形図や国土地理院の「地理院地図」を活用して特定し，グループごとにフィールドワークを行ってその場所の実態を調査する。	・都市型洪水が起こりやすいと考えられる地域を地形図や国土地理院の「地理院地図」を活用して読み取れている。（知技）
3	◆捉えた地理的な事象の地図表現 文献調査やフィールドワークで捉えたことをベースマップに記入し，整理する。	・捉えたことを適切にベースマップに記入し，整理している。（知技）
4	◆傾向性や規則性の検討 ◆地形図や関係する主題図との比較 各グループが作成したベースマップを比較しながら，都市型洪水の発生が予想される場所の共通点を見いだすとともに，ベースマップと国土交通省の「重ねるハザードマップ」や板橋区の「防災ハザードマップ」と比較して，都市型洪水の発生が予想される地域の傾向性や規則性を見いだす。	・ベースマップを比較し，都市型洪水の発生が予想される場所の共通点を捉えている。（知技） ・GISを活用して都市型洪水の発生が予想される地域の傾向性や規則性を捉えている。（知技）
5	◆事象を成り立たせている要因・関連の調査 前時の学習の成果をもとに，各グループが調査した場所で都市型洪水の発生が予想されるのかを再度調査し，その要因を特定する。	・都市型洪水発生の要因について多面的・多角的に考察している。（思判表）
6	◆地図化と調査結果の発表 調査結果を地図入りポスターにまとめ，調べた場所でなぜ都市型洪水の発生が予想されるのかを論理的に説明する。	・適切な主題や調査，まとめとなるように，調査の手法やその結果を多面的・多角的に考察し，表現している。（思判表）

授業展開例（第6時）

（1）パフォーマンス課題

> あなたは赤塚・成増地域を災害被害から守る「赤塚・成増地域中学生消防団（ANF）」の団員です。ANF では，赤塚・成増地域の災害予測を文献や GIS（Geographic Information System：地理情報システム）を駆使して調べています。また，団員たちは日頃から地域を歩き，実際の状況などを調べています。さらにこれらの活動から得られた情報をもとに赤塚・成増地域に発生する可能性のある被害とその被害を予測する活動をしています。そのような活動を続けている中，この赤塚・成増地域では豪雨による都市型洪水の危険性が高い地域が予測されました。ANF では，メンバーをグループに分けてより細かな調査を始めました。その結果，赤塚・成増地域の地理的な特色と都市型洪水の発生には深い関係があることもわかってきました。この調査結果を地域住民に知らすべく，防災ポスターの作成を行うよう本部から指示がきました。
>
> あなたは，グループで調査した結果や自分で考察したことなどをもとに防災ポスターを作成するとともに，調査した場所で，なぜ都市型洪水の発生が予想されるのかを論理的に説明する防災調査報告書を作成し，提出することになりました。

〈赤塚・成増地域防災調査報告書〉

ANF メンバー：氏名　　　　　（番号：　　　　）

対象地域：（　　　　　　　　　　　　　　　　　　　　　　　）

罫線を入れて，文章記入らんをつくる

調査報告書の書式

（2）ルーブリック

	パフォーマンスの尺度（評価の指標）
A	◆B 評価の観点をすべて満たしつつ，一つ以上の点について特に優れていると判断されるものを含んでいる。
B	◆以下の三つの観点について，おおむね満たしていると判断される。 ・地域の特色と関連づけて説明している。 ・因果関係をはっきりさせ，論理的に説明している。 ・文献調査やフィールドワークの成果を活かして説明されている。
C	◆B 評価の観点について特に不十分と判断されるものが含まれていたり，全体的に不十分であったりと判断される。

（3）授業の流れ

①導入

本時は，これまでの学習の成果を，個人でポスター及び報告書に表現する学習活動を行う。まず導入では，学習の成果の整理をさせる。生徒は，これまで学校周辺地域の都市型洪水をテーマとして調査してきた。その結果は，第3時で作成したベースマップや各時間でのワークシートなどに記録してある。これらを活用しながら論理的に整理させるのである。

論理的な整理には，以下のような記入欄を工夫したワークシートを活用するとよい。

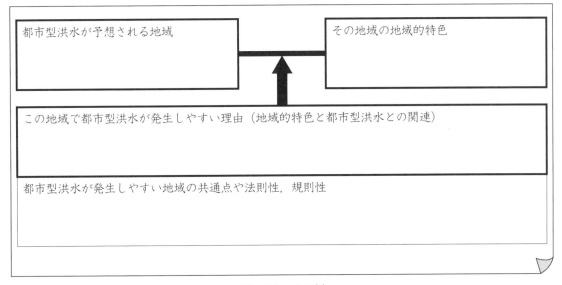

ワークシートの例

このワークシートは，都市型洪水が予想される地域とその地域の地域的特色を，都市型洪水が発生しやすい地域の共通点や法則性，規則性から理由づけて説明するように工夫してある。周囲にある欄を記入しながら，太枠のこの地域で都市型洪水が発生しやすい理由（地域的特色と都市型洪水との関連）を考えさせるよう工夫してある。この太枠の記入が，防災調査報告書を記入するときの要点となるのである。

②展開

ワークシートの記入が終わったら，パフォーマンス課題の作成に入る。パフォーマンス課題を示すタイミングは，いろいろ考えられる。第6時の冒頭，もしくは展開部の最初で提示するのが一般的かもしれないが，単元の学習に入るときに提示してもよいだろう。この方が最終的にどのような課題をやるのか，どのような展開で学習が進むのかを生徒が捉えることができる。また，パフォーマンス課題の設定にしたがって単元の学習を進めることができ，学習意欲の向上が図られる。課題のすべてを出さなくても，単元の冒頭で，「あなたは赤塚・成増地域を災害被害から守る『赤塚・成増地域中学生消防団（ANF）』の団員です。ANFでは，赤塚・

成増地域の災害予測を文献やGIS（Geographic Information System：地理情報システム）を駆使して調べていきます。また、団員たちは日頃から地域を歩き、実際の状況などを調べます。さらに、これらの活動から得られた情報をもとに赤塚・成増地域に発生する可能性のある被害とその被害を予測する活動をしていきます」と設定し、ANF団員になりきらせて学習を進めるのもおもしろい。課題は、グループで調査、整理してきたことをもとに個人で作成させる。

※作成の自由度が高いほど、生徒の思いや工夫が読み取れる評価材料となります。

インパクトのあるタイトルを工夫させる

※レイアウトなども生徒に工夫させる。

ポスターの中心に地域の白地図を入れて活用

※調査学習を行った感想も自由に記入させる。

氏名

防災ポスターの例

③まとめ

　作品ができあがったら意見交換をさせる。調べてわかったことを根拠として示しながら意見交換することで、より合理的な解釈となるようにまとめさせる。発表の際は、補助資料なども示させるとよい。このときに、GISも活用させたい。調査の段階でGISを活用することは、様々な地理空間情報を入手する点で有効であるが、発表の段階では自身の説明を客観的に裏づける根拠ともなり得る。発表手段の一つとしての活用技能を高めていきたい。

　ポスターは掲示するか冊子にして自由に閲覧できるようにする。生徒に投票させてランキングをするなどの工夫があると、生徒も作品を積極的に見るようになるだろう。成果物の共有に関する工夫も大切である。

※ GIS（Geographic Information System：地理情報システム）の活用について

高度情報通信ネットワーク社会が急速に進展していく中で各学校にもインターネットなどの整備が充実してきている。特にインターネットは各地の地理情報の収集に有効であり、また、コンピュータは地理情報システム（GIS）などから得られる地理情報を地図化したり、グラフ化したりするなどの処理に不可欠のものである。（中略）したがって、地理学習においても地理的認識を深めたり地理的技能を高めたりするとともに、情報や情報手段を適切に活用できる技能を培う観点から、コンピュータや情報通信ネットワークなどの情報手段の活用を積極的に工夫することが望まれる。

（学習指導要領（平成29年告示）解説社会編より）

成果物の具体例と評価のポイント

①評価基準Aの具体例

　A評価は，B評価の観点をすべて満たしつつ，一つ以上の点について特に優れていると判断されることがポイントである。

　右の例は，フィールドワークや色別標高図から坂が多い特色を読み取り，他地域のハザードマップから読み取った川沿いの洪水危険と関連づけて，豪雨時の雨水集中からの洪水の危険を説明している。これらからB基準を満たしていると判断できる。さらに，「成増駅から白子川に向かっていく方向で下りの坂道が多い」「赤塚・成増地域は白子川に向かう西方向に傾斜をたくさんもつ地域である」といったより地域調査の成果が活かされた具体的な表現が認められ，B評価の観点について特に優れていると判断し，A評価とした。

②評価基準Bの具体例

　B評価の基準は，地域の特色と関連づけていること，因果関係をはっきりさせ，論理的に説明していること，文献調査やフィールドワークの成果を活かしていることが評価のポイントである。

　右の例は，フィールドワークや色別標高図から坂が多い特色を読み取り，他地域のハザードマップから読み取った川沿いの洪水危険と関連づけて，豪雨時の雨水集中からの洪水の危険を説明している。これらからB基準を満たしていると判断できる。しかし，一つ以上の点について特に優れているというA基準までは満たしていない。

フィールドワークで歩いてみると成増駅から白子川に向かっていく方向で下りの坂道が多いことがわかった。さらに，色別標高図で白子川周辺を確認してみると川に向かう斜面が至るところにあることがわかった。これらのことから赤塚・成増地域は白子川に向かう西方向に傾斜をたくさんもつ地域であるといえる。他のハザードマップでも川沿いなどの低地は洪水が予想され，板橋区ハザードマップでは荒川流域に洪水危険を示していた。ここから川沿いなどの低い地形だとゲリラ豪雨などがあったときには，雨水が特定のところに集中してしまい都市型洪水が発生することが予想される。赤塚・成増地域も白子川に沿った地域は同様の危険性があることが予想される。

フィールドワークで歩いてみると赤塚・成増地域は坂が多いことが感じられた。色別標高図で歩いたところを確認してみると斜面が至るところにあることがわかった。そこから起伏が激しいという地域的特色をもっている地域であると考える。他地域のハザードマップでも川沿いなどの低地は洪水が予想されている。ここから川沿いなどの低い地形だとゲリラ豪雨などがあったときには，雨水が特定のところに集中してしまい，都市型洪水が発生することが予想される。赤塚・成増地域も白子川に沿った地域は同様の危険性があることが予想される。

地 理 的 分 野

❺ 日本の地域的特色と地域区分

災害時の対応や復旧・復興を見据えた対応を報告しよう

生徒に身につけさせたい力

　この中単元は，新学習指導要領によれば，「分布や地域などに関わる視点に着目して，我が国の国土の地域区分や区分された地域の地域的特色を多面的・多角的に考察し，表現する力を育成する」ことを主なねらいとしている。これを①自然環境，②人口，③資源・エネルギーと産業，④交通・通信の項目（以下，①～④と略す）に分けて追究していく。また，①～④に基づく地域区分をふまえ，我が国の国土の特色を大観し理解させるとともに，日本や国内地域に関する各種の主題図や資料をもとに，地域区分をする技能も身につけさせたい。
　そこで，本単元では，①～④について，各項目に即した地域区分をふまえながら，世界の様子と比較しながら我が国の国土の特色を大観し理解したり，日本の地域的特色を，地域区分に着目して，多面的・多角的に考察し，表現したりする学習活動を行う。

単元の目標

　①～④を取り上げて分布や地域の視点に着目し，我が国の国土の特色を大観し理解し地域区分をする技能を身につけるとともに，それぞれの地域区分を，地域の共通点や差異，分布などに着目したり，日本の地域的特色を，①～④に基づく地域区分などに着目したりして，多面的・多角的に考察し，表現する。

単元の評価規準

知識・技能
・①～④に基づく地域区分をふまえ，我が国の国土の特色を大観し理解している。 ・日本や国内地域に関する各種の主題図や資料をもとに，地域区分をする技能を身につけている。
思考力・判断力・表現力
・①～④について，それぞれの地域区分を，地域の共通点や差異，分布などに着目して，多面的・多角的に考察し，表現している。 ・日本の地域的特色を，①～④に基づく地域区分などに着目して，それらを関連づけて多面的・多角的に考察し，表現している。
主体的に学習に取り組む態度
・日本全体の視点から見た①～④をもとに，日本の地域的特色や地域区分に関心を高め，意欲的に追究し，その実態を捉えたり考察したりする態度を養っている。

単元の指導計画（①自然環境の項目）

時	主な学習活動	評価
1	**◆日本の山地や海岸の特色** ・世界的規模の視点から日本列島を大観し，我が国が環太平洋造山帯に属して，地震や火山の多い不安定な大地上に位置していることを考察する。 ・フォッサマグナを境にして西南日本は東西に，東北日本は南北に山脈が走り，太平洋側と日本海側とで地域的特色が異なることを理解する。 ・海岸部では，砂浜海岸や岩石海岸など多様な景観が見られることを理解する。また，海流の特色についても取り扱う。	・世界の火山の分布をもとに造山帯の位置を捉え，我が国で地震や火山が多い理由を考えることができる。（思判表） ・我が国の山地の配置とそれぞれの地域的特色の違いを理解している。（知技） ・海岸地形や我が国近海の海流の特色について理解している。（知技）
2	**◆日本の川や平野の特色** ・大陸と日本の川を比較しながら，我が国の川が短く急流であることを考察する。 ・我が国の川の特色から，堆積平野の特色をもった規模の小さな平野が臨海部に点在していることを理解する。	・大陸と日本の川を比較して我が国の川の特色を考えている。（思判表） ・川と平野の特色を関連づけながら理解している。（知技）
3	**◆日本の気候の特色** ・南北，太平洋側と日本海側，内陸と瀬戸内とで，気温や降水量とその月別の変化などに違いが見られることを理解する。 ・各地の違いをもとにしてそれらを比較しながらいくつかの気候区分をつくる。 ・我が国は梅雨や台風，冬の雪などの影響で，世界の温帯や亜寒帯の中でも，比較的降水量が多い国であることを理解する。	・日本各地で気温や降水量などに違いが見られることを理解している。（知技） ・日本各地で気温や降水量などの違いをもとに，気候区分をつくっている。（知技） ・世界の気候の特色と比較し，我が国が降水量の多い国であることを理解している。（知技）
4	**◆日本の様々な自然災害** ・これまでの学習の成果をもとに，地形や気候の特色と自然災害との関係や我が国の災害に対する防災への工夫について整理し，日本各地で行われている災害時の対応や復旧・復興を見据えた対応について調べ，事例を挙げながらその改善点や追加点を考察し，表現する。	・これまでの学習の成果を活かして，実際の事例を挙げながら災害時の対応や復旧・復興を見据えた対応についての改善点や追加点を具体的に考察している。（思判表）

授業展開例（第4時）

（1）パフォーマンス課題

> あなたは，国土交通省の災害担当課の職員です。災害担当課では，日本各地を区分して地形や気候の特色と発生が予想される災害との関係について調査・研究を進めてきました。その結果，日本で発生が予測される災害は，地形に関するものでは火山の噴火や地震とそれに伴う津波の災害などが，気候に関するものでは大雨による洪水や土石流，強風に伴う高潮，さらに干ばつや冷害などが多いことが見えてきました。
>
> 災害担当課では，それら予測される災害に対する防災対策を進めることだけでなく，災害時の対応や復旧・復興を見据えた対応も大切であることに着目し，これまで行ってきた災害時の対応や復旧・復興を見据えた対応について再検討することを決定しました。
>
> あなたは，その担当職員として，日本各地で行われている災害時の対応や復旧・復興を見据えた対応について調べ，事例を一つ挙げて地域区分に着目しながらその改善点や追加点を考えて防災担当課長に報告してください。

地形や気候の特色と自然災害との関係	
地形の特色	火山の噴火や地震とそれに伴う津波の災害など
気候の特色	大雨による洪水や土石流，強風に伴う高潮，さらに干ばつや冷害など

↓

事例を一つ挙げ地域区分に着目しながら　　どのような防災への工夫が必要なのか
（防災への工夫だけでなく）

↓

どのような災害時の対応や復旧・復興を見据えた対応が必要なのか
（ここがパフォーマンス課題となる）

回答に向けての論理構造

（2）ルーブリック

	パフォーマンスの尺度（評価の指標）
A	・B評価の基準を満たしたうえで，より具体的で多面的・多角的に考えている。
B	・これまでの学習の成果を活かして，地域区分に着目しながら実際の事例を挙げながら災害時の対応や復旧・復興を見据えた対応についての改善点や追加点を考えている。
C	・実際の事例に基づいて考えられていない，改善点や追加点を具体的に考えられていないなどの点が見られる。もしくはこれらの点について不十分である。

（3）授業の流れ

　第4時は，第3時までの理解や技能を身につける学習をもとに，それぞれの地域区分を地域の共通点や差異，分布などに着目して多面的・多角的に考察し，表現したり，日本の地域的特色を，自然環境の項目に基づく地域区分などに着目して，それらを関連づけて多面的・多角的に考察し，表現したりする授業として位置づけている。本時での思考の過程は，前ページに掲載した論理構造に基づいて進めていく。授業展開は以下の通りである。

①導入

　導入では，前時までの学習の成果を整理するところから始める。まずは，地形や気候の特色と自然災害との関係について，授業を振り返りながら整理していきたい。

　整理には，以下のようなワークシートを活用する。ワークシートに整理し，地形や気候の特色と自然災害との関係について明確にしていきたい。記入の際は，自然災害だけでなくその原因となる自然的事象も記入させておくと，論理がさらに深まる。

◆地形の特色	◆発生することが考えられる自然災害
例：海岸地形	→ 地震による津波，強風による高潮

◆気候の特色	◆発生することが考えられる自然災害
例：南西諸島気候区	→ 台風による洪水，土砂崩れ
：瀬戸内気候区	→ 低降水量による干ばつ

ワークシートの例

②展開

　展開部の最初では，このような自然災害に対しどのような防災への工夫が必要なのか，実際に行われている防災対策について考えさせる。教科書や資料集を調べたり，生徒がこれまでに見聞きしたことや身近な地域で行われていることなどを思い出したりさせてたくさん挙げさせる。ここは，グループ活動などの形態で協働的に行わせると，たくさんの事例が挙げられるだろう。これらを発表させて共有した後，本時のパフォーマンス課題に入る。

　本時のパフォーマンス課題を作成するにあたっては，新学習指導要領にある「自然災害については，防災対策にとどまらず，災害時の対応や復旧，復興を見据えた視点からの取扱いも大切である」という記述に即して，防災対策を求めるのではなく，日本各地で行われている災害時の対応や復旧・復興を見据えた対応について調べ，事例を一つ挙げ，地域区分に着目しながらその改善点や追加点を考えるというものにした。また，「地域の課題に関する過去の意思決

定の過程や根拠，理由を学ぶことを繰り返し，過去の意思決定の過程を現在の視点から分析検討する学習をカリキュラムの中に位置づける学習」を提案された王子明紀先生のご指摘（『資質・能力を育てるパフォーマンス評価』2016年・明治図書）にも着目した。日本各地を対象としている大きな単元であるからこそ，ここでは，防災対策という様々な利害関係を含んだ課題解決を求めるのではなく，改善点や追加点を考えることで過去の判断を現在の視点から分析検討するというリアルな根拠に基づいた思考を求める課題とした。

　なお，パフォーマンス課題の「災害担当課では，日本各地を区分して地形や気候の特色と発生が予想される災害との関係について調査・研究を進めてきました」という記述は前時までの学習過程を，「その結果，日本で発生が予測される災害は，地形に関するものでは火山の噴火や地震とそれに伴う津波の災害などが，（中略）見えてきました」という記述は導入で行った地形や気候の特色と自然災害との関係についての整理を示している。これらの学習活動の成果をもととして，本時のパフォーマンス課題に取り組ませたい。

　また，本時のパフォーマンス課題を実施するにあたっては，日本各地で行われている災害時の対応や復旧・復興を見据えた対応について調べなければならない。様々な文献資料を活用する他，インターネットなども利用して日本各地の事例を調べさせよう。この過程で，我が国の災害時における対応や復旧・復興を見据えた対応の現状について深く知ることができる。このときに，消防，警察，海上保安庁，自衛隊などをはじめとする国や地方公共団体の諸機関や担当部局，地域の人々やボランティアなどが連携して，災害情報の提供，被害者への救援や救助，緊急避難所の設営などを行い，地域の人々の生命や安全の確保を目指して積極的に活動していることにもふれさせたい。

③まとめ

　改善点や追加点が書けてきたら，クラスで共有する時間を取りたい。報告書の作成がなかなか進んでいなければ，取り上げた地域とその事例を発表させる。このときに，なぜその地域の事例に着目したかといった，着目の理由も発表させると地域を見る視点が広がるだろう。なかなか課題が進んでいない生徒のヒントにもなる。また，どのようなところから改善点や追加点に着目したのか，その理由なども教師が質問しながら発表させるとよい。発表時における教師の補助質問によって，目が行き届いていない点に気づかせるのである。こうした教師の工夫によって，発表の時間を充実させていく。

　そして，時間の最後には，消防，警察，海上保安庁，自衛隊などをはじめとする国や地方公共団体の諸機関や担当部局，地域の人々やボランティアなどが連携して，災害情報の提供，被害者への救援や救助，緊急避難所の設営などの諸活動が全国各地で行われていることにふれ，地域の人々の生命や安全の確保を目指して積極的に努力されていることをクラス全体で確認したい。

成果物の具体例と評価のポイント

①評価基準Aの具体例

A評価は，B評価の基準を満たしたうえで，より具体的で多面的・多角的に考えていることが評価のポイントである。

右の例は，既習の成果を活かしながら，海岸地域に着目し，田老地区の事例を挙げながら災害時の対応や復旧・復興を見据えた対応についての改善点や追加点を考えているのでB評価を満たしている。さらに，追加点の記述に「高台だけでなく沿岸に近い津波の被害が予想される地域にも緊急時に使用する高層の避難施設を建設したりしながら住宅にできない土地も平時から商業利用するなどして活用する」という，沿岸の土地の安全対策に加えて平時の土地利用にも言及しており，具体的で多面的・多角的に考えていることというA評価に値する記述も認められる。

> 岩手県宮古市田老地区の災害対策や復興について検討する。この地域は太平洋に面した沿岸部の集落であり，典型的な海岸地域である。この地域は，津波の被害が予想される地域であり，かつてから防潮堤を建設するなどの対策をとってきた。しかし，平成23年の東北地方太平洋沖地震による津波はこれらの施設を越えて大きな被害が出た。ここでは，さらに高い防潮堤の建設や高台への住宅地移転，土地のかさ上げなどの対策が進んでいる。しかし，対策を上回る想定外の災害は発生する可能性がある。そこで高台だけでなく沿岸に近い津波の被害が予想される地域にも緊急時に使用する高層の避難施設を建設したりしながら住宅にできない土地も平時から商業利用するなどして活用するといいと思う。

②評価基準Bの具体例

B基準は，既習の成果を活かしていること，地域区分に着目しながら実際の事例を挙げていること，災害時の対応や復旧・復興を見据えた対応についての改善点や追加点を考えていることが評価のポイントである。

右の例は，海岸地形と災害との関連について既習知識を活かし，海岸地域に着目しながら津波に対する災害時の対策や復旧・復興を見据えた対応についての記述があり，B評価の基準は満たしているが，改善点や追加点については，沿岸地域にも高層の避難施設を建設するということにとどまり，A評価には届かないと判断した。

> 岩手県宮古市田老地区の災害対策や復興について検討する。この地域は太平洋に面した沿岸部の集落であり，典型的な海岸地域である。この地域は，津波の被害が予想される地域であり，かつてから防潮堤を建設するなどの対策をとってきた。しかし，平成23年の東北地方太平洋沖地震では，予想を上回る大きな津波被害が出た。ここでは，高台の避難場所の建設などの対策が進んでいるが，想定以上の災害が発生する可能性がある。そこで，高台の避難場所だけでなく沿岸に近い津波の被害が予想される地域にも緊急時に使用する高層の避難施設を建設するといいと思う。

地理的分野

❻ 日本の諸地域 近畿地方

地域環境の課題を分析し，発展計画書にまとめよう

生徒に身につけさせたい力

　本単元は，中項目(3)のうち，「⑤その他の事象を中核とした考察の仕方」の地域の環境問題や環境保全の取組という考察の仕方で設定した。本単元で身につけさせたい力は，知識に関するものとしては，「中核となる考察の仕方を通して近畿地方の地域的特色や地域の課題を捉える」力である。さらに，思考力，判断力，表現力等として，「中核となる考察の仕方で，中核となる事象の成立条件を，地域の広がりや地域内の結びつき，人々の対応などに着目して，他の事象やそこで生ずる課題と有機的に関連づけて，多面的・多角的に考察し，表現する」力を育成したい。そこで本単元では，様々な資料を活用し，地理的な見方や考え方を働かせながら，近畿地方の地域的特色を理解するとともに，設定した主題を軸に，課題を追究したり解決したりする学習活動を進めていく。

単元の目標

　近畿地方について，環境問題や環境保全の取組という考察の仕方をもとにして，地理的な見方や考え方を働かせながら地域的特色を理解させ，見えてきた近畿地方の課題を追究し，その解決を考察するとともに，近畿地方の持続可能性を他者と協働しながら主体的に考え，地域の発展に参画する態度を養う。

単元の評価規準

知識・技能
・環境問題や環境保全の取組という考察の仕方をもとにして，地理的な見方や考え方を働かせながら地域的特色を理解している。
・捉えた地域的特色をもとに，地域の課題を理解している。
思考力・判断力・表現力
・環境問題や環境保全の取組について，地域の広がりや地域内の結びつき，人々の対応などに着目しながら，他の事象やそこで生ずる課題と有機的に関連づけて，課題の解決を多面的・多角的に考察し，表現している。
主体的に学習に取り組む態度
・学習の成果を活かして近畿地方の持続可能性を他者と協働しながら主体的に考え，地域の発展に参画する態度を養っている。

単元の指導計画

時	主な学習活動	評価
1	◆近畿地方の自然環境 基本図や雨温図などの資料を活用し，南北に広がる山地に挟まれた中央部の低地の位置や分布を把握するとともに，地形の特色と関連づけて北部の降雪や中央部の少降水量，南部の温暖などの気候の特色を理解する。	・資料から適切な情報を読み取り，近畿地方の自然環境の特色を大観している。（知技） ・近畿地方の地域的特色に関心をもっている。（態度）
2	◆京阪神大都市圏の拡大と環境 京阪神大都市圏の拡大の様子や琵琶湖・淀川水系の水質悪化の実態を資料から読み取り，読み取った情報を関連づけて，人間と自然との相互依存関係に着目しながら，市街地の拡大と環境との関係について考える。	・京阪神大都市圏や琵琶湖・淀川水系の実態について読み取ったことをもとに，市街地の拡大と環境との関係を考察している。（思判表）
3	◆環境に配慮した工業の変化 資料を活用して阪神工業地帯と公害との関係や臨海部への移転，内陸部に集まる中小企業の特色などについて理解し，地域に着目しながら環境保全に対する取組を考える。	・阪神工業地帯と公害との関係や臨海部への移転，内陸部の中小企業の特色をもとに環境保全に対する取組を考察している。（思判表）
4	◆京都・奈良における歴史的な景観の保全 資料を活用して京都や奈良の地域的特色を捉えるとともに，歴史的な景観の保全を環境保全と捉え，地域に着目しながら生活の利便性と歴史的な景観の保全を両立させるための方策を考える。	・京都や奈良の地域的特色を捉え，生活の利便性と歴史的な景観の保全を両立させるための方策を考察している。（思判表）
5	◆地域の環境を生かした林業・漁業 近畿地方北部や南部で盛んな産業の特色を捉え，人間と自然との相互依存関係に着目しながら環境保全に関する取組について考える。	・近畿地方北部や南部の産業の特色を捉え，環境保全に関する取組について考察している。（思判表）
6	◆持続可能な地域の発展を目指して これまでの学習の成果を活かして近畿地方の地域環境の課題を多面的・多角的に分析し，それを解決するための発展計画を他者の意見を参考にしながら考えるとともに，自ら地域の発展に参画する態度を養う。	・学習成果を活かして地域の課題を分析し，課題を解決するための方策を多面的・多角的に考察している。（思判表） ・近畿地方の発展に参画する態度を養っている。（態度）

授業展開例（第6時）

（1）パフォーマンス課題

> あなたは「持続可能な地域環境づくりをすすめる市民会議」の近畿地方から参加したメンバーです。この市民会議では，地域環境の課題を分析し，その解決を目指すことで地域の発展を考えていくことを推進しています。あなたはその全国大会で，代表として発展計画の先行事例を発表することになりました。市民会議の議長からは，地元である近畿地方を例とした発展計画書という形で発表してほしいとの要請があります。あなたはこれまで近畿地方の地域的特色を環境との関連の中で研究してきた実績がありましたので，それを活かしながら発展計画書をまとめることにしました。
>
> 他者の意見も参考にしながら，研究の成果を活かして地域環境の課題を分析し，それを解決するための発展計画を考え，発展計画書にまとめて発表しましょう。

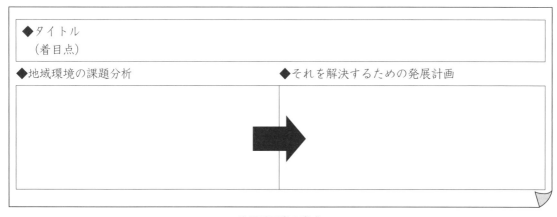

発展計画書の書式

（2）ルーブリック

	パフォーマンスの尺度（評価の指標）
A	◆B基準を満たしつつ，以下の観点を満たしている。 ・近畿地方の地域的な課題が具体的かつ明確に分析されている。 ・課題分析を活かした地域の具体的かつ現実的な発展計画が示されている。
B	◆以下の三つの観点をおおむね満たしている。 ・前時までの学習の成果が反映されている発展計画書になっている。 ・近畿地方の地域的な課題が分析されている。 ・課題分析を活かした地域の発展計画が示されている。
C	◆B基準の三つの観点について全体的または部分的に不十分と判断される。

(3) 授業の流れ

①導入

　導入では，これまでの学習で明らかになった地域の環境問題や環境保全の取組という考察の仕方から見えてきた近畿地方の課題や環境保全に対する取組，さらにはこれから必要とされる取組などについて生徒と対話形式で確認し，本時の学習に対する意識を高めさせる。

　これまでの学習成果についての整理は展開の前半で行うため，ここではあまり細かな整理はしない。あくまでも学習に対する意識を高めるための学習活動なので，整理よりも意見を交換したり，思考のウォーミングアップをしたりといった活動で，教室の雰囲気を高めていきたい。この学習活動は，5分くらいの短い時間で行う。

②展開

　展開の前半は，これまでの学習の整理の活動を行う。ワークシートの表に，これまでの学習の成果をポイントを絞って記入させるような形で整理させる。

授業名	課題のポイント	課題解決の取組など
2 京阪神大都市圏の拡大と環境	▶	
3 環境に配慮した工業の変化	▶	
4 京都・奈良における歴史的な景観の保全	▶	
5 地域の環境を活かした林業・漁業	▶	

ワークシートの例

　なお，この活動はグループで行う。グループで話し合いながら整理することで，これまでの学習で不足している部分をお互いに補うことができるからである。時間を決めて話し合いながら，効率よく課題を進めさせる。なお，この活動はパフォーマンス課題をより効果的に行うためのものなので，表に記入する際はポイントを絞って**10分**程度で記入させる。

　この学習の後，パフォーマンス課題に入る。机は一斉授業の形態に戻して説明を行う。これは，前の学習活動と次の学習活動を明確に分け，生徒の意識を変える目的がある。また，課題のはじめに行うパフォーマンス課題の提示やルーブリックの説明などの重要な指示をより確実に生徒に伝える目的もある。さらに，「合法的な離席」にもなるので必ず行いたい。

　パフォーマンス課題やルーブリックの説明が終わったら，いよいよ後半の学習活動に入る。後半の学習活動の最初は，個人による思考である。人間の思考とは，課題が与えられてすぐに

深まるわけではない。ある程度のウォーミングアップが必要である。最初に個人で考える時間を確保したい。3分程度の時間でよいだろう。まず大まかに考えさせる。ワークシートには，思いついたことなどをメモさせるとよい。ただし，ここはメモ程度にとどめておく。書くことに意識がいって，思考が働かなくなる場合があるからである。自分の考えを論述させるのは，あくまでも最後の活動である。

次は，グループで考えたことを意見交換する活動である。この活動の目的は，いろいろな考えにふれて自分の考えを深めることである。グループになったら，考えたことを順番に発表させよう。一通り発表が終わったら，質問や足りないところなどを指摘し合わせる。他者からの質問や指摘によって，自分の考えの足りないところに気づくのである。質問と回答を繰り返しながら10分くらいは意見交換の時間を確保する。

グループでの意見交換が終わったら，再び机を一斉授業の形態に戻し，個人の思考活動に戻す。グループでの意見交換で得られたことをふまえながら，自分の考えを論述させる。グループでの意見交換はあくまでも個人の思考を深めるもので，それをふまえて自分の考えを書くことをしっかりと指示する。残った授業時間は論述に使い，書ききれないものについては，期日を指定して提出させる。

（1）個人でパフォーマンス課題を考えてみよう。

★思いついたことをメモしよう。

（2）グループで意見交換をしてみよう。

★他者の意見で参考になったことや，質問などを受けて考えたことをメモしよう。

（3）個人で論述しよう。

※この部分は罫を設定した方がよい。

ワークシートの例

③まとめ

授業の終末では，ルーブリックの観点や提出期限などについて再度確認して終わる。適時，教師による指導や参考になりそうな生徒の論述を発表させてもよい。

成果物の具体例と評価のポイント

①評価基準Aの具体例

A評価は，B評価の基準を満たしたうえで具体的かつ現実的な計画であることが評価のポイントである。

右の例は，課題分析の回答で学習成果の活用，地域的な課題，発展計画の回答で分析を活かした発展計画というB基準をすべて満たしたうえで，課題分析では「開発と環境との対立」という課題，発展計画では「開発環境両立宣言」という対策が具体的現実的に明確化されている。また，タイトル設定でも「対立」「両立」「実現」というキーワードを明確に示す工夫があり，B評価の基準を満たし，さらにA評価の基準を満たしたものとして評価できる。

タイトル		
対立ではなく両立を実現する近畿地方！		
課題分析		発展計画
近畿地方の生活，産業，景観や歴史文化について調べ，その課題の根底には地域の発展と環境保全との対立が共通することに気づいた。都市が多い地域であるからこそ，この傾向が強いと考える。	→	持続可能な地域には発展と保全との両立が不可欠。そこで近畿地方では京都のような地域性重視の発展が必要。「開発環境両立宣言」を出して常に両立を意識した計画的都市開発を行う。

②評価基準Bの具体例

B評価は，学習成果の活用，地域的な課題の分析，発展計画の明示の三つの観点がおおむね満たされていることが評価のポイントである。

右の例は，近畿地方を調べた結果，開発の進行が環境問題につながったという記述があり，学習成果を活用して地域的な課題を分析したことが読み取れる。さらに，発展計画として京都のような環境に配慮した街づくりを全地域で進めるという開発に対する新たな視点を示した発展計画が示されているので，B基準はおおむね満たしていると判断できる。しかし，具体的，現実的，明確という観点では不十分であり，A評価とはならないと判断した。

タイトル		
環境に配慮した近畿地方づくり！		
課題分析		発展計画
近畿地方の生活や文化，産業を調べた結果，いろいろな環境問題がわかった。それぞれの分野に内在する課題は開発が進んだからこそ，環境に問題が起こったという構図である。	→	環境問題の解決のために近畿地方は，環境を活かした地域づくりを進めなければならない。そこで京都で進められている環境に配慮した街づくりを全地域で進める。

地理的分野

❼ 地域の在り方

持続可能な地域の発展計画を構想しよう

生徒に身につけさせたい力

　本単元は，新学習指導要領解説社会編によれば，「空間的相互依存作用，地域などに関わる視点に着目して，地域の在り方を地域的特色や地域の課題と関連付けて多面的・多角的に考察し，表現する力を育成する」ことを主なねらいとしている。地域の実態や課題解決の取組，さらには考察，構想したことを適切に説明，まとめる手法について理解するとともに，持続可能な地域の在り方を多面的・多角的に考察，構想し，表現する力を養うことが求められる。

　このねらいに基づき，これまでの学習成果を活かしながら学習対象となる地域の地域的特色を明らかにし，そこから見えてきた課題の解決を図りながら，対象となる地域に対する理解と関心を深めて，主権者として地域社会の形成に参画し，その発展に努力しようとする態度を育成したい。また，高等学校地理総合への接続を意識してGIS（Geographic Information System：地理情報システム）の活用力も育てたい。

単元の目標

　対象地域における諸事象を取り上げ，観察や調査などの活動を行い，対象地域の実態や課題解決のための取組や考察したことを表現する手法について理解と関心を深めるとともに，地域の課題を見いだし，主権者として持続可能な地域社会の形成に参画しその発展に努力しようとする態度を養う。

単元の評価規準

知識・技能
・対象地域の実態や課題解決のための取組などについて理解しているとともに，地域的な課題解決に向けて考察，構想したことを適切に説明したりまとめたりするための手法について理解している。
思考力・判断力・表現力
・地域の在り方を，地域の結びつきや地域の変容，持続可能性などに着目し，そこに見られる地域的な課題について多面的・多角的に考察，構想し，表現している。
主体的に学習に取り組む態度
・対象地域の地域的特色に対して関心を高め，主権者として持続可能な地域社会の形成に参画しその発展に努力しようとする態度を身につけている。

単元の指導計画

時	主な学習活動	評価
1	◆課題の把握 東京や大阪，名古屋といった大都市で見られる課題を見いだして一般化するとともに，交通網の発達と過密に着目して，赤塚・成増地域における都市問題を主題として設定し共有する。	・大都市における課題の一般化をもとに赤塚・成増地域における都市問題を主題として見いだし，共有している。（思判表）
2	◆対象地域の把握 赤塚・成増地域の地域的特色や都市問題の実態を地形図や GIS，文献資料及びフィールドワークなどを活用して調査する。	・赤塚・成増地域の実態について地形図や GIS，文献資料及びフィールドワークなどを活用して捉えている。（知技）
3	◆課題の要因の考察 「赤塚・成増地域は交通網が発達し便利なのだが，住宅が密集して課題が発生しているのだろうか？」など赤塚・成増地域のよさや課題を明確化し，その関連や要因を考察する。	・赤塚・成増地域に見られる地域的なよさや課題とその関連や要因について多面的・多角的に考察し，表現している。（思判表）
4	◆課題の解決に向けた考察 赤塚・成増地域の結びつきのよさ（ターミナル駅から近い，通勤や通学などに便利）や課題（ラッシュや混雑，地価の高騰，住宅の密集化）などに着目し，これまで学習してきた世界や日本の諸地域で実施されている事例などを参考にしながら，地域の持続可能な地域の発展計画を多面的・多角的に構想する。	・地域の在り方を，地域の結びつきや地域の変容，持続可能性などに着目し，そこに見られる地域的な課題について多面的・多角的に考察，構想し，表現している。（思判表）
5	◆構想の成果発表 第3時，第4時の学習成果をふまえて，課題解決策を発表し，意見交換を行うとともに，学習の成果を様々な方法で発信する。	・赤塚・成増地域の持続可能な形成に参画し，その発展に努力する態度を身につけている。（態度）

※この単元指導計画は東京都板橋区赤塚・成増地域を例として作成してある。授業を行う場合は，授業者の勤務校所在地や任意の地域に設定して実施してほしい。
※この中単元(4)「地域の在り方」は，中単元(1)「地域調査の手法」と連続させたり関連づけたりして実施することが考えられる。これらを意識して，事例地域を共通のものとし，パフォーマンス課題も関連した設定で作成した。

授業展開例（第4・5時）

（1）パフォーマンス課題

> あなたは赤塚・成増地域を災害被害から守る「赤塚・成増地域中学生消防団（ANF）」の団員です。ANFでは，赤塚・成増地域の防災だけでなく地域の持続可能性を考える活動もしています。そのためにANFは，東京や大阪，名古屋といった大都市で見られる課題を見いだして一般化し，交通網の発達と過密に着目して赤塚・成増地域における都市問題を文献資料やGIS（Geographic Information System：地理情報システム）を駆使してまとめています。また団員たちは日頃から地域を歩き，実際の状況などを調べています。さらにこれらの活動から得た情報をもとに，赤塚・成増地域のよさや課題を明確化しその関連や要因をまとめました。こうした活動を続けている中，本部から次の指示がきました。
>
> > 赤塚・成増地域の結びつきのよさ（ターミナル駅から近い，通勤や通学などに便利）や課題（地価の高騰，住宅の密集化）などに着目し，これまで研究してきた世界や日本の諸地域で実施されている事例などを参考にしながら，赤塚・成増地域の持続可能な地域の発展計画を多面的・多角的に構想し，本部に報告書を提出しなさい。
>
> あなたはすぐにANFのメンバーと協力して発展計画の構想に取りかかりました。

〈赤塚・成増地域の持続可能な地域の発展計画〉
ANFメンバー：氏名　　　　　（番号：　　　　　）
罫線を入れて，文章記入らんをつくる

報告書の書式

（2）ルーブリック

	パフォーマンスの尺度（評価の指標）
A	◆B評価の観点をすべて満たしつつ，一つ以上の点について特に優れていると判断されるものを含んでいる。
B	◆以下の評価の三つの観点について，おおむね満たしていると判断される。 ・地域的特色をふまえた回答である。 ・文献資料やGIS，フィールドワークから得た情報を活かした回答である。 ・具体的で地域の持続可能な発展を構想した回答である。
C	◆B評価の観点について特に不十分と判断されるものが含まれていたり，全体的に不十分であったりと判断される。

（3）授業の流れ
①導入【第4時】

　本時では，第3時までの学習の成果を活かし，赤塚・成増地域の持続可能な地域の発展計画を多面的・多角的に構想する学習活動を行う。第3時では，学習の成果を以下のようなワークシートに整理して赤塚・成増地域のよさや課題を明確化し，その関連や要因を考察させているので，このワークシートを振り返り，構想の準備をする。また，これまで学習してきた世界や日本の諸地域で実施されている事例などで本時の構想の参考になるものを探しておく。

着目したテーマ「他地域との結びつき」

赤塚・成増地域のよさ	赤塚・成増地域の課題
例：ターミナル駅に近い 　：通勤や通学に便利	例：通勤・通学ラッシュが激しい 　：駅や町が混雑している

よさや課題の関連や要因

ターミナル駅に近かったり通勤や通学に便利であったりすることから多くの人が地域に住んでいる。このことから人口が増加し，通勤ラッシュなどの混雑や地価の高騰，住宅の密集化などが起こっている。

第3時の整理に活用するワークシート

---

②展開【第4時】

　ワークシートの確認が終わったら，本時のパフォーマンス課題に入る。パフォーマンス課題を示した後，本時の課題の要点は，赤塚・成増地域の持続可能な地域の発展計画を多面的・多角的に構想することであることを確認する。その際，今だけでなく将来にわたっても地域が活性化し続けるような（持続可能な）発展計画であることに十分留意させることが大切である。これはいわば開発と地域環境の維持との両立であり，どちらか一方を否定するものではない。

　また，これまで学習してきた世界や日本の諸地域で実施されていた様々な事例も参考にさせる。例えば，「京都の歴史的景観の保存として実施されている電柱の地下埋設を赤塚・成増地域でも実施し，狭い道幅を広くして整備し直す」「ヨーロッパに見られるパークアンドライド方式を応用して駅から離れた地域に住宅地開発を行うとともに，駅前広場に地下駐車場をつくって駐車スペースを確保する」「練馬区のタウンサイクル事業を参考にして，成増駅で公共のレンタサイクルを運営して違法駐輪を減らすとともに住民の利便性をねらう」などが考えられるだろう。

③まとめ【第4時】

報告書が完成したら,プレ発表を行いたい。一部の生徒に自分の構想を発表させる。正式な発表は次回の授業となるので,プレ発表を参考にして自分の構想をさらに深化させたい。また,発表の準備もさせておく。活用する資料や発表原稿,発表の手順などは,以下のような発表準備用紙を作成して整理させておくとよい。

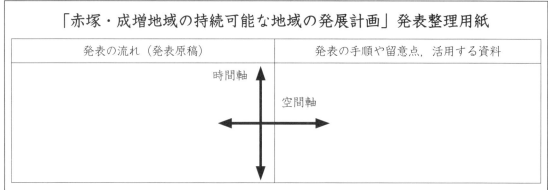

④構想の発表及び発信【第5時】

第5時では,第3時,第4時の学習成果をふまえて,課題解決策を発表していく。発表を聞くにあたっては記録用紙を用紙する。記録用紙には感想だけでなく評価,よかった点や課題点などを書けるようにしておき,発表者に渡せるようにしておくと生徒同士の学び合いが深まるだろう。また,ここではクラス内で発表や意見交換をして共有するだけでなく,学習の成果を様々な方法で発信することも行いたい。

新学習指導要領解説社会編では,以下のような発信方法が示されている。

①プレゼンテーションソフトで加工して文化祭などで発表する
②図表入りの報告書にまとめて学校のホームページに公開する
③持続可能な社会の在り方を募集したコンテストなどに応募する
④ビデオレターに編集して対象地域の調査協力者等に送付する

なお,解説社会編では,「ここでの指導では,導入の時点から成果物の最終的な取扱いを生徒に予告し,学習の意味や意義の周知とともに生徒自身の当事者性を十分に引き出しておくことが大切である」と記され,計画的な単元指導の重要性を指摘している。これらの準備により,対象地域の地域的特色に対して関心を高め,主権者として持続可能な地域社会の形成に参画しその発展に努力しようとする態度が身につけさせられるのである。

成果物の具体例と評価のポイント

①評価基準Aの具体例

A評価は，B評価の観点をすべて満たしつつ，一つ以上の点について特に優れていると判断されるものを含んでいることが評価のポイントである。

右の例は，様々な調査から過密地域という地域の特色を捉え，コミュニティバスの運行という具体的かつ現実的な提案をしている。また，コミュニティバスには小型の車両を使うことを提案し，狭い道が多くある地域の実情にも配慮されており，B基準を満たしたうえで，ドイツのパークアンドライド方式の応用についてもふれている。また，駅前広場に設置する地下駐車場はパークアンドライド専用にするなど，多面的・多角的な視点からの検討が見られるので，この点は特に優れていると判断されると評価し，A評価とした。

> 文献資料やGIS，フィールドワークによる調査結果から赤塚・成増地域は，ターミナル駅に近く通勤や通学に便利ではあるが，通勤・通学ラッシュが激しく駅や町が混雑しており，住宅が密集する過密地域であることがわかりました。地域のよさを残しつつ課題を解決するためにコミュニティバスの運行を提案します。コミュニティバスの運行は近隣の練馬区でも実施され，効果を上げています。また，コミュニティバスは小型の車両が使われることが多く，道幅の狭い赤塚・成増地域には適しています。また，ドイツのようなパークアンドライド方式の導入も住宅地の分散化につながります。駅前広場に地下駐車場をつくり，パークアンドライド専用にすれば，駅から離れた地域の利便性はさらに向上します。

②評価基準Bの具体例

B評価は，地域的特色をふまえた回答，文献資料やGIS，フィールドワークから得た情報を活かした回答，具体的で地域の持続可能な発展を構想した回答であるといったことが評価のポイントである。

右の例は，様々な調査から過密地域という地域の特色を捉え，コミュニティバスの運行という具体的かつ現実的な提案をしている。また，コミュニティバスには小型の車両を使うことを提案し，狭い道が多くある地域の実情にも配慮されており，基準をおおむね満たしているので，B評価と判断できる。

> 文献資料やGIS，フィールドワークによる調査結果から赤塚・成増地域は，ターミナル駅に近く通勤や通学に便利な反面，通勤ラッシュが激しく地域が混雑しており，住宅が密集する過密地域であることがわかりました。地域のよさを残しつつ課題を解決するためにコミュニティバスの運行を提案します。コミュニティバスの運行は近隣の練馬区でも実施され，路線バスの運行がない地域で効果を上げています。また，コミュニティバスは小型の車両が使われることが多く，道幅の狭い赤塚・成増地域には適しています。

歴史的分野

❽ 身近な地域の歴史

中学生に歴史と僕たちのつながりについて話そう

生徒に身につけさせたい力

　本単元は，歴史的分野の学習の導入に位置する大項目の一つである。身近な地域を対象とする本単元は，歴史上の出来事を，具体的な事物や情報を通して理解することができるとともに，それを自らが生活する日常の空間的な広がりの中で実感的に捉えることができる。

　そこで，この単元の学習を通して，具体的な歴史的事柄との関わりの中で，地域の歴史について調べたり，収集した情報を年表などにまとめたりするなどの技能を身につけさせるとともに，地域に残る文化財や諸資料を活用して，身近な地域の歴史的特徴を多面的・多角的に考察，表現する力や，歴史を現代の生活に活かそうとする態度を養うことをねらっている。

単元の目標

　自らが生活する地域や受け継がれてきた伝統・文化への関心を高め，身近な地域の具体的な歴史的事柄との関わりの中で，地域の歴史について調べたり，収集した情報を年表などにまとめたりするなどの技能を身につけるとともに，比較や関連，時代的な背景や地域的な環境，歴史と私たちとのつながりなどに着目して，地域に残る文化財や諸資料を活用して，身近な地域の歴史的な特徴を多面的・多角的に考察，表現し，歴史を現代の生活に活かそうとする態度を養う。

単元の評価規準

知識・技能
・身近な地域の具体的な歴史的事柄との関わりの中で，地域の歴史について調べたり，収集した情報を年表などにまとめたりしている。
思考力・判断力・表現力
・比較や関連，時代的な背景や地域的な環境，歴史と私たちとのつながりなどに着目して，地域に残る文化財や諸資料を活用しながら，身近な地域の歴史的な特徴を多面的・多角的に考察し，表現している。
主体的に学習に取り組む態度
・自らが生活する地域や受け継がれてきた伝統・文化への関心を高めている。 ・歴史と現代の生活との関係に関心をもち，歴史を現代の生活に活かそうとする態度を養っている。

単元の指導計画

時	主な学習活動	評価
1	◆調べるテーマを決める ・グループごとに学校所在地の歴史を人物，建築物・風景，遺跡・遺物，行事・風習の四つのテーマに振り分け，調査の準備を行う。 ・決まったテーマに対する疑問点などを出し合う。 ・地域の歴史について調べたり，収集した情報を年表などにまとめたりする方法を身につける。	・地域の歴史について調べたり，収集した情報を年表などにまとめたりするなどの技能を身につけている。（知技）
2	◆情報を集めて調べる（1） ・教科書や副読本，図書室やインターネットなどを活用して担当するテーマについての情報を収集する。 ・収集した情報を整理し，身近な地域の歴史的な特徴を考える。	・自らが生活する地域や受け継がれてきた伝統・文化への関心を高めている。（態度） ・身近な地域の歴史的な特徴を考察している。（思判表）
3	◆情報を集めて調べる（2） ・第2時の続きを行う。 ・ここまでの授業間に放課後や休日などの時間を活用して野外調査や観察，聞き取り調査などを適宜行い，その結果を整理して，身近な地域の歴史的な特徴を考える。	・自らが生活する地域や受け継がれてきた伝統・文化への関心を高めている。（態度） ・身近な地域の歴史的な特徴を考察している。（思判表）
4	◆結果をまとめて発表する ・自分たちが発見したことや調べた結論，感想などを紙面やパワーポイントなどにまとめる。 ・まとめたものを発表し，意見交換を行って共有する。	・自分たちが発見したことや調べた結論，感想などを適切にまとめている。（知技）
5	◆地域の歴史と私たちとの関係 ・自分たちが発見したことや調べた結論などを活用して，身近な地域の歴史と自分たちのつながりを考え，表現する。 ・歴史と現代の生活との関係に関心をもち，歴史を現代の生活に活かそうとする態度を養う。	・身近な地域の歴史と自分たちのつながりを考察している。（思判表） ・歴史と現代の生活との関係に関心をもち，歴史を現代の生活に活かそうとする態度を養っている。（態度）

※放課後や休日などの時間を活用して野外調査や観察，聞き取り調査などを行う時間を十分に確保したい場合は，各学校の事情に合わせて時数を増やしたり，第2時と第3時の間に中項目(1)「私たちと歴史」の学習（3時間程度）を加えたりするような指導計画を作成して対応する。

授業展開例（第5時）

（1）パフォーマンス課題

> あなたは，母校の中学校で教育実習を行う社会科の教育実習生です。あなたは，一年生の歴史の授業を担当しています。そんなある日，授業をしていると，ある生徒からこんな言葉をかけられました。
> 「何で歴史なんか勉強するの？　昔のことなんて，今の僕たちに関係ないじゃん。歴史と僕たちの関係って，何？」
> あなたは回答に困ってしまい，中学時代に習った社会科の先生に相談したところ，先生は，こんなアドバイスをくれました。
> 「確か君が中学時代に，学校の周りの地域の歴史について調べる学習をしたよね。あのとき，みんなはよく調べて発表してくれたのを覚えているよ。そのときのことを思い出し，今も学校の周りの地域で生活している自分とのつながりを考えて話してあげればいいんじゃないか」
> あなたはさっそく中学校時代に行った学校の周りの地域の歴史学習を思い出し，自分とのつながりを考えて中学生に話すことにしました。この中学生に話すことを考えましょう。

```
身近な地域の歴史的な特徴と自分の生活とのつながり
         1年    組    番：氏名

※罫線を入れて回答欄をつくる。中学生に話す会話文で書かせる。

                          ※中学生に話すつもりの言葉で書くこと。
```
回答用紙の例

（2）ルーブリック

	パフォーマンスの尺度（評価の指標）
A	・身近な地域の歴史的な特徴と自分の生活とのつながりについて，地域に残る文化財や諸資料を活用しながら，複数の事例を挙げて具体的かつ多面的・多角的に考察し，表現している。
B	・身近な地域の歴史的な特徴と自分の生活とのつながりについて，地域に残る文化財や諸資料を活用しながら，多面的・多角的に考察し，表現している。
C	・地域に残る文化財や諸資料の活用の仕方が不十分である。 ・多面的・多角的に考察し，表現できていない。

（3）授業の流れ

①導入

　本時の展開には，前時で行った発表の内容が大きく関わってくるので，前時の振り返りから始めたい。前時ではどのような歴史的事柄についての発表があったか，そこから見いだした身近な地域の歴史的な特徴は何かなど，前時のポイントをふまえた補助発問をしながら生徒に答えさせ，前時の学びを蘇らせる。そして，すぐに本時のパフォーマンス課題を生徒に伝える。

　パフォーマンス課題のポイントは，まず「何で歴史なんか勉強するの？　昔のことなんて，今の僕たちに関係ないじゃん。歴史と僕たちの関係って，何？」である。この授業では，歴史と自分とのつながりが理解できていない生徒を納得させられる回答を考え，身近な地域の歴史的な特徴と自分の生活とのつながりについて説明することによって，課題を考えている学習者自身にそれらについて気づかせることをねらった。また，恩師の「確か君が中学時代に，学校の周りの地域の歴史について～自分とのつながりを考えて話してあげればいいんじゃないか」という言葉は，前時までに行った調査から明らかになった身近な地域の歴史的な特徴を，現代の人々の生活と関連づけさせることを暗示している。

②展開

　パフォーマンス課題を考える際には，以下のワークシートを活用して，自身の論理を整理させながら進める。本時のパフォーマンス課題の肝は，身近な地域の歴史的な特徴と自分たちの今の生活との関連であるから，この部分についてじっくりと考えさせたい。

★身近な地域の歴史的な特徴			
人物	建築物・風景	遺跡・遺物	行事・風習

↓

★自分たちの生活との関連			

思考を促すワークシートの例

　本単元での調べ学習は，人物，建築物・風景，遺跡・遺物，行事・風習の四つのテーマに分けて行っているので，まずはそれぞれのテーマごとに考えさせよう。もし，自分たちの生活とのつながりがより深いものであるならば，自分が調べたテーマではなくてもかまわない。学習課題に取り組んでいるときは，生徒がまとめた成果物を掲示するなりして自由に閲覧できるようにしておきたい。なお，ワークシートは，自由に入れさせる。全部埋めさせるのではなく，入らないところがあってもかまわない。

完成したワークシートを参考にしながら，パフォーマンス課題の回答に取りかかる。複数の事例を挙げて論述することがA評価の基準にあるので，一つのテーマだけでなく複数の視点に目を向けさせ，多面的・多角的に身近な地域の歴史的な特徴と自分たちの生活との関連を考えさせる。

　これらの学習活動を進める中で，歴史と現代の生活との関係に関心をもち，歴史を現代の生活に活かそうとする態度を養っていく。生徒の中には，パフォーマンス課題の中で実習生に質問した生徒のような思いをもっている生徒もいるだろう。このパフォーマンス課題は，まさにそうした生徒に対して，歴史と自分との関係性に気づかせ，これから進んでいく歴史学習の意義を，最初の段階でもってもらうことをねらっているのである。

③まとめ

　授業の終末では，完成した回答を発表してもらう。発表の際は，ロールプレイ形式で生徒に実習生役をやってもらう。教師は生徒役になり，歴史と自分との関係や歴史学習に対して疑問をもっているという雰囲気を出しながら実習生役の生徒と対話する。実習生役の生徒との対話の中で，生徒の考えをさらに深めさせたい。ロールプレイが終わったら，見ていた生徒に感想をいわせてもよいだろう。教師と発表生徒との対話，さらに見ている生徒との対話を通じて，歴史と自分との関係性についてクラス全体で深めていく。

　そして，最後に，「歴史と自分との関係性とはどのようなものだろう？」と生徒に投げかけ，ワークシートに感想を書かせる。生徒は，単元の学習全体を振り返りながら，感じたことを自由に書いていくだろう。このようにパフォーマンス課題の回答は，単に評価材料として活用するだけでなく，生徒の思考を深める材料としても活用したい。

　単元の学習後は，掲示や冊子にまとめるといった共有の工夫を行う。

①　本単元の学習を通じ，歴史と自分との関係性について，どのように感じましたか。
　　回答らん

②　発表してくれた生徒の回答について，どのように感じましたか。
　　回答らん

③　本単元の学習についての感想を，自由に書きましょう。
　　回答らん

感想ワークシートの例

成果物の具体例と評価のポイント

①評価基準Aの具体例（東京都府中市を事例に）

A評価は，身近な地域の歴史的な特徴と自分の生活とのつながりについて，地域に残る文化財や諸資料を活用しながら，多面的・多角的に考察し，表現している。というB評価の基準に加えて，複数の事例を挙げて具体的に考察，表現されていることが評価のポイントである。

右の例は，B評価の基準を満たしたうえで，大國魂神社の事例と新田義貞の事例を挙げている。さらに，分倍河原の合戦について説明しながら府中が歴史の転換点に関わった場所であることについてふれている。武蔵の総社として歴史的な人物が参拝した事例や律令時代の制度に基づいて整備された事例と合わせて，具体的かつ多面的・多角的に考察し，表現していると判断し，A評価とした。

> 君も大國魂神社にはもちろん行ったことがあるよね。私たちの生活する府中市のシンボルとして重要な意味をもつ建物だよ。ここは奈良時代に定められた国郡里の一つである武蔵国の国府があったところだ。この頃から府中は，地域の中心地として発展しており，今の府中の基礎がここにある。また，大國魂神社は武蔵の総社として重要な神社で，前九年の役，後三年の役で活躍した源頼義・義家親子や徳川家康も参拝したんだね。人物といえば新田義貞も府中と関わりがある人物だよ。鎌倉幕府滅亡の大きなきっかけとなった分倍河原の合戦はこの府中での話だ。歴史の教科書に出ている人物が歩いた道を歩き，時代の転換に関わる場所にいると思うと，歴史と自分とのつながりを感じるだろ。

②評価基準Bの具体例（東京都府中市を事例に）

B評価は，身近な地域の歴史的な特徴と自分の生活とのつながりについて，地域に残る文化財や諸資料を活用していること，多面的・多角的に考察し，表現していることが評価のポイントである。

右の例は，大國魂神社を事例として，調べた成果を活かしてその特色を説明している，大國魂神社に歴史的な人物が参拝しているという記述があり，B評価の基準を満たしていると判断できる。しかし，複数の事例を挙げて具体的に考察，表現されているというA基準までには達していないと判断し，B評価とした。

> 大國魂神社はもちろん知っているよね。私たちの生活する府中市のシンボルだよ。ここはかつて武蔵国の国府があったところでもある。奈良時代に定められた国郡里のことだ。この頃から府中は，地域の中心地として発展していたんだよ。今の府中の基礎がここにある。また，大國魂神社は武蔵の総社として国分寺とともに重要な神社であったんだ。ここには前九年の役，後三年の役で活躍した源頼義・義家父子や徳川家康も参拝したんだね。君も足を運ぶ大國魂神社の参道を，歴史の教科書に出ている人物も歩いたと思うと，歴史と自分とのつながりを感じるだろ。

歴史的分野

歴史的分野

❾ 古代までの日本

古代の王子になりきり，国の成り立ちをまとめよう

生徒に身につけさせたい力

　この単元は，19世紀前半までの歴史を扱い，文明の多様性を理解し，我が国の歴史について，近世までの各時代の特色を，主としてアジアを中心とした世界との関わりの中で理解することをねらった大項目Ｂ「近世までの日本とアジア」における最初の中単元である。古代の我が国では，世界の動きの中で特に東アジアとの深い関係をもちながら狩猟・採集の生活から農耕生活へと大きく変化し，国家の形成や天皇，貴族による政治の展開が起こってくる。

　これらについて理解するとともに，古代の社会の変化の様子を多面的・多角的に考察し，表現する力や，古代までの日本を大観して，時代の特色を多面的・多角的に考察し，表現する力を養いたい。

単元の目標

　課題追究や課題解決の学習活動を通して，世界の古代文明や宗教のおこり，日本列島における国家形成，律令国家の形成，古代の文化と東アジアとの関わりなどについて理解するとともに，古代の社会の変化の様子や古代までの日本の歴史的な特色を多面的・多角的に考察し，表現する。

単元の評価規準

知識・技能
・世界各地で文明が築かれたこと，東アジアの文明の影響を受けながら我が国で国家が形成されていったこと，東アジアの文物や制度を積極的に取り入れながら国家のしくみが整えられ，その後天皇や貴族による政治が展開したこと，国際的な要素をもった文化が栄え，それらを基礎としながら文化の国風化が進んだことなどを理解している。
思考力・判断力・表現力
・古代の社会の変化の様子や古代までの日本を大観して，時代の特色を多面的・多角的に考察し，表現している。
主体的に学習に取り組む態度
・古代までの日本の歴史に関して，主体的に追究しようとするとともに，我が国の歴史に対する愛情を深めようとする態度を養っている。

単元の指導計画

時	主な学習活動	評価
1	◆狩猟や採集の時代 前単元で学習した古代文明の学習と関連づけながら，資料を活用して，狩猟や採集をしていた頃の人々の生活の様子を考え，縄文時代の特色を理解する。	・狩猟や採集をしていた頃の人々の生活の様子を考え，縄文時代の特色を理解している。（知技）
2	◆農耕生活の時代 資料を活用して，農耕生活が始まった経緯やその頃の人々の生活の様子を考え，狩猟や採集をしていた頃の人々の生活の様子や，縄文時代の特色と比較しながら弥生時代の特色を理解する。また，道具の利用についても理解する。	・農耕生活が始まった経緯やその頃の人々の生活の様子を考え，弥生時代の特色を理解している。（知技）
3	◆中国の歴史書に登場する倭 前単元で学習した中国の文明の誕生の学習と関連づけながら，中国の歴史書の記述を活用して，古代における我が国の国の変遷や中国との関係について理解するとともに，地域の交易や交流について理解する。	・古代における我が国の国の変遷や中国との関係について理解している。（知技）
4	◆大和朝廷による統一と東アジア 古墳が出現してきたことをもとに，大和朝廷の統一について考察するとともに，中国や朝鮮半島との関係をもとに渡来人の活躍や影響を，資料から理解する。	・古墳が出現してきたことをもとに，大和朝廷の統一について考察することができる。（思判表）
5	◆日本列島における国家形成 これまでに学習してきたことを整理して図にまとめるとともに，それを活用して我が国における古代国家の形成過程を考察し，表現する。	・我が国における古代国家の形成過程を考察し，表現することができる。（思判表） ・日本列島における国家形成に関して主体的に追究しようとする態度が養われている。（態度）

※中項目(1)「古代までの日本」は，(ア)「世界の古代文明や宗教のおこり」(イ)「日本列島における国家形成」(ウ)「律令国家の形成」(エ)「古代の文化と東アジアとの関わり」の四つの小単元から成り立っている。ここでは，(イ)「日本列島における国家形成」を事例として単元の指導計画を示す。

授業展開例（第5時）

（1）パフォーマンス課題

> あなたは古代の日本で活躍したとある国の王子です。あなたは，国王である父から王としての地位を譲り受けようとしています。偉大な王になるためには，これまでの長い年月をかけて築いてきた国の成り立ちについて，きちんと理解しておかなければなりません。あなたは，一族が国を築いてきた過程を，国王から学ぶこととなりました。国王は，王子にこれまで先祖代々が行ってきた国づくりの歴史を教えました。それは，狩猟や採集をしてきた時代から農耕が始まる時代への変化，そして農耕生活の時代だからこそ始まった争いの歴史などです。そして王子は，それらを一枚の図にまとめました。
>
> こうして王子は，どのように古代の国家ができていったのかをよく理解し，作った図を見ながら父である王にこう話したのでした。
>
> 「父上，私は父上からの教えを図にまとめて，我が国の成り立ちについてよく理解することができました。古代における国の成り立ちとはこういうことですね…」
>
> さて，このストーリーに出てくる王子が作った図や王子の言葉の続きは，いったいどのようなものでしょうか。王子になりきって考えてみましょう。

（2）ルーブリック

	パフォーマンスの尺度（評価の指標）
A	・準備ワークシートを活用して，狩猟や採集をしてきた時代や農耕が始まる時代の特色とその変化，富や土地をめぐる争いの発生などについてそれぞれの関係性などを明確にしながら適切に図表に整理できている。 ・作成した図表をもとに，古代における国の成り立ちの過程を具体的かつ多面的・多角的に論述できている。 ・世界やアジアとのつながりについても記述してある。
B	・準備ワークシートを活用して，狩猟や採集をしてきた時代や農耕が始まる時代の特色とその変化，富や土地をめぐる争いの発生などを適切に図表に整理できている。 ・作成した図表をもとに，古代における国の成り立ちの過程を論述できている。
C	・準備ワークシートを活用して，狩猟や採集をしてきた時代や農耕が始まる時代の特色とその変化，富や土地をめぐる争いの発生など，その関係性について図表の表現が不十分である。 ・作成した図表をもとに，古代における国の成り立ちの過程についての論述が不十分である。

（3）授業の流れ

①導入

本時の学習は，狩猟や採集生活の時代から農耕生活の時代への変化や中国の歴史書の記述に見られる我が国の国の変遷などの学習の成果を活用して行う。導入では，これらの学習内容の確認から入る。縄文時代と弥生時代の生活の様子を描いたイラストや模型の写真などがあれば，それを提示して違いなどを挙げさせたり，それぞれの特色を発言させたりしたい。そして，準備ワークシートを配布し，ペア，グループなどで記入をさせる。協力しながらなるべくたくさん記述させる。

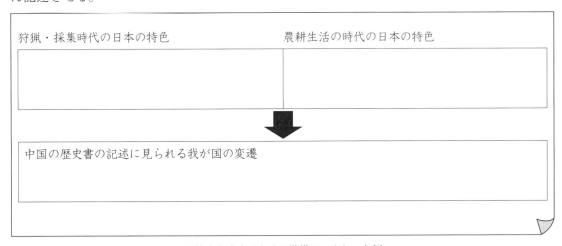

回答を作成するための準備ワークシート例

②展開

準備ワークシートの記入が終わったら，いよいよパフォーマンス課題を提示する。そして，最初の課題である図の作成に入る。

右は図の例である。狩猟採集の時代（縄文時代）と農耕生活の時代（弥生時代）を比較して変化したことを表現する。「みんなで取って，みんなで分ける」生活から「収穫物という富（蓄え）が生まれる」生活へと変化していくことをまず捉えさせたい。そして，富を多くもつ人（権力者）の登場や富や土地をめぐる争いの発生，集団の集約といった流れで権力者を中心とした古代国家が形成されていく過程を整理しながら理解させるのである。

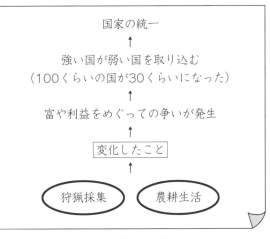

課題の図の作成例

この図による整理をもとにして，文章化するのが次の課題である。文章を書くにあたっては，因果関係をはっきりと示しながら論理的に書くよう指示する。また，前時までの学習の成果も活用させよう。図では示しきれなかったことなどにも留意して表現する。

　図で示したことを改めて文章化させる意味は，言語による論理的な思考を伴って理解させることにある。図の作成は，あくまでもイメージを記録させる活動である。本学習において図の作成は，準備的な位置づけであり，頭の中にあるものが整理され，可視化するものである。また，いきなり文章で書くよりも，図に描いた方が，イメージしたことを直接的に表現できる。とにかく思ったことをどんどん書いていくメモ書きのような感覚で図を作成していく。

　そのうえで，考えたことを論理的に整理し表現するのが文章である。図に表した思考のイメージを，今度は丁寧に言葉で考えてつなげていくのである。人は考えるときに言葉を使う。言葉をつなげながら考えるのである。文章を書きながら生徒は，古代国家の形成過程を論理的に考えていくのである。しかも説明するという設定になっているので，生徒は文章を考えながら，古代国家の形成過程を頭の中で必死に説明するだろう。この説明は，学習内容を十分にわかりながら身につけるという本質的な理解につながる。

③まとめ

　文章が完成したら，生徒に発表させる。生徒の発表の中で狩猟採集の時代（縄文時代）から農耕生活の時代（弥生時代）への変化については，黒板に板書していく。

　以下のようなことには注目させたい。

　・集落の周りに堀や柵がつくられた　・高床の倉庫に保管した　・物見やぐらができた
　・頭のない人骨が発見された　　　　・王が登場した

　農耕が始まることにより生活が大きく変化し，収穫物や土地，水利権などをめぐる争いが発生することによって，集落の統合と拡大が進むことを全体で確認する。このときには，吉野ヶ里遺跡など環濠集落のイラストや写真を見せながら進めると効果的である。

縄文時代のイラスト
（出典：北海道庁「北の縄文－縄文の生活文化」）

弥生時代のイラスト
（出典：吉野ヶ里歴史公園「北内郭～まつりごとの場所～」
国営海の中道海浜公園事務所所有）

成果物の具体例と評価のポイント

①評価基準Aの具体例

A評価は，B評価の基準を満たしつつ，準備ワークシートを活用して，狩猟や採集をしてきた時代や農耕が始まる時代の特色とその変化，富や土地をめぐる争いの発生などについてそれぞれの関係性などを明確にしながら適切に図表に整理できていること，作成した図表をもとに古代における国の成り立ちの過程を具体的かつ多面的・多角的に論述できていること，世界やアジアとのつながりについても記述してあることが評価のポイントである。右の例は，図表を活用して，農耕の広がりと人々の格差や争いとの関係について明確に表現されていたり，大陸から農耕が伝わったことが表現されていたりすることが読み取れるので，B評価の基準を満たしつつ，さらにA評価の基準を満たしていると判断できるのでA評価とした。

> 狩猟採集の時代は，みんなで取ってみんなで分けるという平等の生活をしていましたが，大陸から農耕が伝わると急速に広がり，人々それぞれがそれぞれに作物をつくる生活となって収穫物に差ができます。その差は権力の差にもつながり，人々の間に格差が生まれました。そして，人々は，権力者を中心として集落をつくるようになっていきます。やがて権力者はより大きな収穫をねらい，集落同士は収穫物や土地，水利権などをめぐって争いを始めます。これは農耕生活をしていた集落に堀や柵，物見やぐらなどがつくられたり，高床の倉庫があったりしたことからわかります。その中で強い集落が弱い集落をしたがえて拡大し，大きな国となりました。こうして古代国家が誕生し，その一つが，我ら一族が治めるこの国なのですね。

②評価基準Bの具体例

B評価は，準備ワークシートを活用して，狩猟や採集をしてきた時代や農耕が始まる時代の特色とその変化，富や土地をめぐる争いの発生などについて適切に図表に整理できていること，作成した図表をもとに，古代における国の成り立ちの過程を論述できていることが評価のポイントである。

ここでは図の例は掲載していないが，文章から農耕が始まる時代の特色とその変化や富や土地をめぐる争いの発生などを示しながら古代における国の成り立ちの過程を論述しているので，B評価と判断した。

> 狩猟採集の時代は，みんなで取ってみんなで分けるという平等の生活をしていましたが，農耕が始まると人々それぞれがそれぞれに作物をつくる生活となり，収穫物に差ができます。その差は権力の差にもつながり，人々は，権力者を中心として集落をつくるようになりました。そして，集落同士は収穫物や土地，水利権などをめぐって争いを始めます。その中で強い集落が弱い集落をしたがえて拡大し，大きな国となりました。こうして古代国家が誕生し，その一つが，我ら一族が治めるこの国なのですね。

歴史的分野

歴史的分野

⑩ 中世の日本

ユーラシアの地図をもとに，モンゴル帝国侵攻の理由を考えよう

生徒に身につけさせたい力

　この単元は，大項目B「近世までの日本とアジア」の二番目に学習する中項目である。この中項目では，主に平安時代後半に登場する武士の台頭から鎌倉時代，室町時代を経て応仁の乱後の社会的な変動や戦国の動乱あたりまでを取り扱う。

　ここでは，武家政治の成立とユーラシアの交流，武家政治の展開と東アジアの動き，民衆の成長と新たな文化の形成などに関する知識を身につけるとともに，武士の政治への進出と展開，東アジアにおける交流，農業や商工業の発達などに着目して，中世の社会の変化の様子について多面的・多角的に考察し，表現する力を養う。

　なお，この単元の学習では，モンゴル帝国の拡大によるユーラシアの結びつき，アジアとの交流の中で生まれた琉球独自の文化ついてふれることが内容の取扱いで示されており，アジアの視点から日本の中世の歴史を捉える力も養いたい。

単元の目標

　課題追究や課題解決の学習を通して，武家政治の成立とユーラシアの交流，武家政治の展開と東アジアの動き，民衆の成長と新たな文化の形成などについて理解するとともに，中世の社会の変化の様子や中世の日本の歴史的な特色について多面的・多角的に考察し，表現する。

単元の評価規準

知識・技能
・武士が台頭して主従の結びつきや武力を背景とした武家政権が成立し，その支配が広まったこと，元寇がユーラシアの変化の中で起こったこと，武家政治の展開とともに東アジア世界との密接な関わりが見られたこと，民衆の成長を背景とした社会や文化が生まれたことなどを理解している。
思考力・判断力・表現力
・中世の社会の変化の様子や中世の日本を大観して，時代の特色を多面的・多角的に考察し，表現している。
主体的に学習に取り組む態度
・中世の日本の歴史に関して，主体的に追究しようとするとともに，我が国の歴史に対する愛情を深めようとする態度を養っている。

単元の指導計画

時	主な学習活動	評価
1	◆武士団の形成 荘園の発達や武芸の必要性，武士団の形成，地方での自立の動きなどをもとに，武士が誕生したことや武士団が形成されていったことについて考察し，理解する。	・資料を活用して武士の誕生と武士団の形成について考察し，理解している。（知技）
2	◆源氏と平氏の台頭 院生の始まりと朝廷の分裂，源氏や平氏の台頭，平氏政権と日宋貿易，源平の争乱と平氏の滅亡などをもとに，武士が台頭してきたこと，源氏や平氏が力をもったことや源平の争いについて考察し，理解する。	・資料を活用して武士の台頭と源平の動きについて考察し，理解している。（知技）
3	◆鎌倉幕府の成立と武家政権 鎌倉幕府の成立や朝廷と幕府との二重支配，御恩と奉公による主従関係，執権政治の展開などをもとに，武家政権が誕生したことやその発展について考察し，理解する。	・資料を活用して武家政権の誕生と発展について考察し，理解している。（知技）
4	◆ユーラシアの変化と元寇 モンゴル帝国の拡大と交易，二度にわたる蒙古襲来，幕府の対応と御家人たちの不満などをもとに，元寇の歴史的な意味や影響について考察し，理解する。	・資料を活用して元寇の歴史的な意味や影響について考察し，理解している。（知技）
5	◆武士や僧侶が担い手の鎌倉文化 武士の考え方の影響や鎌倉仏教の発展などをもとに，鎌倉文化の特色やこれまでの文化との違いについて考察し，理解する。	・資料を活用して鎌倉文化の特色について考察し，理解している。（知技）

※中項目(2)「中世の日本」は，(ｱ)「武家政治の成立とユーラシアの交流」(ｲ)「武家政治の展開と東アジアの動き」(ｳ)「民衆の成長と新たな文化の形成」の三つの小単元から成り立っている。ここでは，(ｱ)「武家政治の成立とユーラシアの交流」を事例に単元の指導計画を示す。

授業展開例（第4時）

（1）パフォーマンス課題

> あなたは鎌倉幕府の役人です。1271年のある日，いつものように役所で仕事をしていると8代執権である北条時宗宛てにモンゴル帝国からの国書が届きました。あなたは慌てた様子で時宗のもとへ駆け込み，こういいました。「時宗様，大変です。モンゴル帝国から時宗様宛に国書が届きました。何やら不吉な予感がいたします…」時宗がすぐさま国書を開くと，このようなことが書いてありました。
>
>> 大モンゴルの皇帝（フビライ）が，日本国王に書を送る。…私の祖先が天下を支配したので，遠くの国も恐れて朝貢にきている。…日本は高麗に接しており，開国以来，時には中国とも通交してきた。（ところが）私が皇帝になってからは，使者を送って通交しようとはしてこない。…そこで特に使者を派遣して，皇帝である私の意志を伝える。今後は通交し合うとしよう。…通交しないというのは理に合わないことだ。兵を用いるような事態になることはどちらにとっても好ましいことではあるまい。…
>
> 「これは何と，我が国の服属を求める国書ではないか。どうしたものか…」と時宗は考え込んでしまいました。しばらくすると，時宗はそばにいたあなたにこういいます。
> 「頭を抱えていても始まらない。まずはこのモンゴル帝国がどのような国であるかを知らなければならない。それがわかったところで服属するか否かを考えようではないか。モンゴル帝国は国土を広げて何を活発化させているのか，我が国を攻めようとしているのはなぜなのか。幕府の総力を挙げてモンゴル帝国について調べよ！」
> 時宗の言葉を聞いたあなたは急いで役所に戻り，仲間の役人とともにユーラシアの地図を広げて作業に取りかかりました。

（2）ルーブリック

	パフォーマンスの尺度（評価の指標）
A	・モンゴル帝国が拡大したことによって活発化させたことやモンゴル帝国が日本に攻めてきた理由について，ユーラシアの地図をもとに具体的で多面的・多角的に考察し，表現している。
B	・モンゴル帝国が拡大したことによって活発化させたことやモンゴル帝国が日本に攻めてきた理由について，ユーラシアの地図をもとに考察し，表現している。
C	・モンゴル帝国が拡大したことによって活発化させたことやモンゴル帝国が日本に攻めてきた理由について，ユーラシアの地図をもとに考察し，表現していない。または不十分な考察，表現である。

（3）授業の流れ

本時の指導は，新学習指導要領の中項目(2)内容ア(ア)に記載のある「元寇がユーラシアの変化の中で起こったことを理解すること」，内容の取扱いに記載のある「『ユーラシアの変化』については，モンゴル帝国の拡大によるユーラシアの結び付きについて気付かせること」及び解説社会編の「元寇の背景について，『モンゴル帝国の拡大によるユーラシアの結び付き』（内容の取扱い）などの地理的な確認を基に，元（中国を中心としたモンゴル帝国東部）の君主が帝国全体の君主でもあったことなどを踏まえ，モンゴル帝国がアジアからヨーロッパにまたがる広大な領域を支配し，東西の貿易や文化の交流が陸路や海路を通して行われたことなどに気付くことができるようにする」という記述に基づき，13世紀におけるユーラシアの勢力図を主たる資料として活用しながら授業を展開していく。

元寇に対応する中で御恩と奉公による主従関係が崩れ，鎌倉幕府の弱体化が進むことに視点を置くだけでなく，東アジアのグローバル化の視点を含め，元寇が起こった真の理由や海路を通じたアジア貿易の活発化などにも着目させていきたい。

①導入

最初に，13世紀におけるユーラシアの勢力図を生徒に示す。そして，「モンゴル帝国は，どこまで勢力を拡大したのか？」と発問し，モンゴル帝国がヨーロッパから東南アジア，東アジアに至るまでの広大な支配権をもったことに気づかせる。

13世紀におけるモンゴル帝国の拡大

②展開

　勢力図の読み取りが終わったら，パフォーマンス課題を生徒に提示して，課題の中に出てくる役人になりきらせる。課題を示した後，モンゴル帝国が拡大して活発化したこと，モンゴル帝国が日本に攻めてきた理由の二つを考えることを確認し，検討に移る。検討はグループで行わせる。ルーブリックも示し，ユーラシアの地図をもとに考察し，表現していることが評価のポイントであることも確認する。課題を進めるにあたっては，以下のようなワークシートを活用して，思考や論理を整理させる。思考や論理が整理できたら論述に移らせる。この論述が評価の対象となるので個人で行わせる。ルーブリックを意識させて書かせたい。

モンゴル帝国が拡大して活発化したこと	地図から読み取ったこと
モンゴル帝国が日本に攻めてきた理由	

ワークシートの例

③まとめ

　論述ができたら発表，共有の活動に入る。展開の前半で組んだグループでお互いの論述を読み合う。読み合う際は，評価カードによい点や改善点を書かせて論述を書いた生徒に渡すようにすると，自分の論述のよさや課題，他の生徒の論述からの学びは見えてきて，多くの学びが期待される。

　発表，共有の活動が終わったら，「元寇によって鎌倉幕府の主従関係はどのような影響を受けたのだろうか？」と生徒に投げかける。御恩と奉公の主従関係は，土地の所有権を基盤とした関係であること，国内での他の武士を相手とすることが前提で成り立つこと，さらに，元寇はこれまでの戦いと性格が異なり，海外の軍勢を相手とした防衛戦であったことなどに着目させ，元寇によって幕府政治の根幹である御恩と奉公に基づく主従関係が崩れたことに気づかせる。そして，恩賞を十分に得られない御家人たちの気持ちや行動を予想させたり，徳政令まで出してまでも政権を維持しようとした幕府の気持ちを予想させたりして，鎌倉幕府の終焉を多面的・多角的に考えさせたい。

　これらの学習から，収まらない御家人たちの不満が噴出し，倒幕への動きが加速していったなど，鎌倉時代から室町時代への転換期の学習につなげていく。

成果物の具体例と評価のポイント

①評価基準Aの具体例

A評価は，モンゴル帝国が拡大したことによって活発化させたこと，モンゴル帝国が日本に攻めてきた理由という二つについて，ユーラシアの地図をもとにしながら考察し，表現しているというB評価の基準を満たしたうえに，さらに具体的かつ多面的・多角的に考察し，表現していることが評価のポイントである。

右の例は，モンゴル帝国が拡大による貿易の活発化とモンゴル帝国拡大の延長による日本侵攻について記述したうえに，中国の技術がヨーロッパに伝わったことや高麗からの日本の距離などの記述があり，地図の活用や内容において具体的かつ多面的・多角的に考察し，表現していることが読み取れるので，A評価と判断した。

> 13世紀のモンゴル帝国の勢力図を見ると，モンゴル帝国がアジアからヨーロッパにまたがる広大な領域を支配したことがわかる。拡大したモンゴル帝国は，数々の遠征を繰り返し，ヨーロッパや東南アジア，東アジアとのつながりが強まっていく。このつながりは貿易を盛んにし，中国の火薬や印刷の技術がヨーロッパに伝わった。また，こうした領域の拡大は，モンゴル帝国にとって大きな利益をもたらすものであり，地図を見ると朝鮮の向こうにある日本は距離も近い。高麗まで勢力を伸ばしたモンゴル帝国が，日本を攻めようと考えるのは当然であろう。このように，モンゴル帝国の拡大の流れの中で日本への進出も考えられたのではないかと考える。

②評価基準Bの具体例

B評価は，モンゴル帝国が拡大したことによって活発化させたこと，モンゴル帝国が日本に攻めてきた理由という二つについて，ユーラシアの地図をもとにしながら考察し，表現していることが評価のポイントである。

右の例は，13世紀のモンゴル帝国の勢力図を見ながら，モンゴル帝国が拡大したことによって貿易が活発化したこと，国の拡大は大きな利益をもたらし，その流れで日本への侵攻が考えられたことについて考察し，表現していることが読み取れるので，B評価に値すると判断した。

> 13世紀のモンゴル帝国の勢力図を見ると，モンゴル帝国がアジアからヨーロッパにまたがる広大な領域を支配したことがわかる。この拡大によってモンゴル帝国は，ヨーロッパや東南アジア，東アジアとのつながりが強まるだろう。よって貿易が盛んになることが考えられる。また，こうした領域の拡大は，モンゴル帝国にとって大きな利益をもたらすものであり，さらに拡大させようと考えるのは当然である。このように，モンゴル帝国の拡大の流れの中で日本への進出も考えられたのではないかと思う。

歴史的分野

歴史的分野

⓫ 近世の日本

役人になりきり，江戸時代が約260年続いた理由を論じよう

生徒に身につけさせたい力

　この単元は，大項目B「近世までの日本とアジア」の三番目に学習する中項目である。この中項目では，織田・豊臣の統一事業及び江戸幕府による諸政策を通して生まれた安定した社会の実現と社会の変動の中で幕府の政治が行き詰まっていくまでのおよそ16世紀から19世紀前半までの歴史を取り扱う。

　ここでは，世界の動きと統一事業，江戸幕府の成立と外交関係，産業の発達と町人文化，幕府政治の展開などに関する知識を身につけるとともに，交易の広がりとその影響，統一政権の諸政策の目的，産業の発達と文化の担い手の変化，社会の変化と幕府政策の変化などに着目して近世の社会の変化の様子を多面的・多角的に考察し，表現する力を養う。

単元の目標

　課題追究や課題解決の学習を通して，世界の動きと統一事業，江戸幕府の成立と外交関係，産業の発達と町人文化，幕府政治の展開などについて理解するとともに，近世の社会の変化の様子を多面的・多角的に考察し，表現する。

単元の評価規準

知識・技能
・織田・豊臣の統一事業などによって近世社会の基礎がつくられたこと，江戸幕府の諸政策によって幕府と藩による支配が確立したこと，町人文化が都市を中心に形成されたこと，各地方の生活文化が生まれたこと，幕府の政治が次第に行き詰まりを見せたことなどを理解している。
思考力・判断力・表現力
・近世の社会の変化の様子や近世の日本を大観して，時代の特色を多面的・多角的に考察し，表現する。
主体的に学習に取り組む態度
・近世の日本の歴史に関して，主体的に追究しようとするとともに，我が国の歴史に対する愛情を深めようとする態度を養っている。

単元の指導計画

時	主な学習活動	評価
1	◆幕藩体制の成立 様々な資料をもとに江戸幕府のしくみや法令などについて調べ，幕府と藩による支配が確立したことを考察し，理解する。	・江戸幕府が様々なしくみや法令を整えて幕府と藩による支配が確立したことを理解している。（知技）
2	◆江戸期の貿易と統制 江戸期の貿易の内容や変化，幕府のねらいなどについて調べ，江戸幕府の貿易政策が国内政策との関連で大きく変化していったことを考察し，理解する。	・江戸幕府の貿易政策が国内政策との関連で大きく変化していったことを理解している。（知技）
3	◆統制の中での諸外国とのつながり 鎖国政策の下での諸外国との貿易の特色などを調べ，禁教との関係や大名の統制，海外情報の統制といった江戸幕府のねらいについて考察し，理解する。	・禁教との関係や大名の統制，海外情報の統制といった江戸幕府のねらいについて理解している。（知技）
4	◆蝦夷地や琉球とのつながり 琉球王国と薩摩藩，アイヌの人々と松前藩などの関係やそれぞれの文化，生活などについて調べ，統制の中でもこうした地域との交易や交流が見られたことについて考察し，理解する。	・琉球やアイヌと諸藩との関係や統制の中でも交易や交流が見られたことについて理解している。（知技）
5	◆身分社会での人々の暮らし 江戸時代の身分制度のしくみやそれぞれの身分の人々の生活などを調べ，それぞれの身分の中で人々が職分を果たしたことや人口の多数を占めた農民が村を生活の基盤として農作業などで助け合っていたこと，農村が幕府や藩の経済を支えていたことなどについて考察し，理解する。	・それぞれの身分の中で職分を果たしたこと，農民が村を基盤として助け合っていたこと，農村が幕府や藩の経済を支えていたことなどについて理解している。（知技）
6	◆安定した社会の構築 これまでの学習の成果をもとに幕府のしくみや大名，貿易，農村の特色を図に整理し，徳川の時代（江戸時代）が約260年も続いた理由を考察し，表現する。	・学習の成果を活用して，江戸時代が約260年も続いた理由を考察し，表現している。（思判表）

※中項目(3)「近世の日本」は，(ｱ)から(ｴ)の四つの小単元から成り立っている。ここでは，(ｲ)「江戸幕府の成立と対外関係」を事例に単元の指導計画を示す。

授業展開例（第6時）

(1) パフォーマンス課題

> 　時は1867年，明日は天皇に政権の返上を申し出たことを諸大名に告げる大政奉還の前日です。あなたは15代将軍徳川慶喜に仕える歴史方取調係の役人です。あなたは密かに慶喜から二条城二の丸御殿の大広間に呼び出され，このようにいわれました。
>
> > 　いよいよ明日，ここで諸大名に政権を朝廷に返上することを伝える。これで，約260年続いた徳川の世も，形としては終わりじゃ。我が代で徳川の政権が終わることは忍び難いが，しかし，振り返れば我が先代たちは長きにわたって安定した世の中を築いたものだ。思い起こせば，信長も秀吉も，さらには足利や源氏の将軍たちも，これだけ長きにわたっての安定した世は築けなかったことよ。なぜにして，徳川の世は長きにわたって安定したのじゃろうか。その要因が明らかとなれば，いずれかの後に徳川の世が再興したときの参考となろう。
> >
> > 　そこで，お前に頼みがある。これまでの歴史を振り返って，徳川の世が約260年も続いたわけを探るのじゃ。江戸時代の幕府のしくみや大名や貿易，農民の統制について絵図にして整理せよ。そして，それをもとに文書をつくれ。さすれば，後世にも徳川の世のすばらしさが伝わることよ。さて，それでは頼むぞ。
>
> 　慶喜はそういって広間を後にしたのでした。そして，あなたは慶喜の命を胸にして，役所に戻り，歴史書をひもとき始めました。
> ・・・・・・・・・・・・・・・・・・・・・・・・・・・・・・・・・・・
> 　あなたは，この役人になりきって，お話に出てくる図を作成し，徳川の時代（江戸時代）が約260年も続いた理由を論述してください。

(2) ルーブリック

	パフォーマンスの尺度（評価の指標）
A	◆B評価の基準を満たしたうえで，その一つの観点，もしくは全体においてより多面的・多角的な考察が読み取れる。より深い考察であると判断される。
B	◆徳川の時代（江戸時代）が約260年も続いた理由を論じる文章において，以下の3つの観点について，おおむね満足すると判断される。 ・学習の成果が活かされている。 ・整理した図をもとにして論じられている。 ・歴史的な根拠を挙げて論じている。
C	・B評価の基準について，その一つの観点，もしくは全体において不十分と判断される。

(3) 授業の流れ

　本単元は，織豊時代からの統一事業に続き，幕藩体制を基礎として江戸期において安定した社会が実現していくまでの歴史を扱う授業を展開する。この安定した社会の実現は，約260年にわたって続く江戸時代の基礎となった。本時は，その中項目のまとめの学習に位置づけられるが，ここでは本中項目の学習の成果を活用して江戸時代が約260年も続いた理由を追究させることで，幕藩体制確立の歴史的な意義や意味を捉えさせ，中項目の学習を締めくくる。

　江戸時代が約260年も続いた理由を追究させる学習活動は，江戸時代の学習がすべて終わった後の中項目のまとめとして実施することも考えられるが，そこでは幕府政治の動揺と衰退の学習成果が思考を妨げてしまうことが考えられる。そこで，今回は幕府と藩による支配が確立していったことを学習した直後の本単元末で行うこととした。

　また，学習形態は個人とグループそれぞれを効果的に使い分けたい。学習評価は個人に対して行うものなので，パフォーマンス課題は基本的に個人で取り組ませるが，学習を深める点で協働学習は効果的であるので，ワークシートの整理や共有はグループで行うとよいだろう。実態に即して工夫してほしい。

①導入

　導入ではこれまでの学習内容を簡単に振り返った後，本時の学習の流れを説明してすぐに本時のパフォーマンス課題に入る。最初の整理は，中世の武家政治と近世の武家政治の違いを捉えさせることである。以下のようなワークシートを活用しよう。

中世（鎌倉時代〜戦国時代）の武家社会	近世の武家社会（江戸時代）

ワークシート1

　このワークシートを作成していく過程で，中世では武家政権の未熟さや複数の権力者の存在によりまだ社会が不安定であったのに対し，近世では戦いによる淘汰の中で大きな力をもった権力者が登場し，統一事業が進んでいったという違いに気づかせたい。こうして中世から近世への転換の様子を捉えさせながら，学習課題に迫っていく。

②展開

　まず，これまでの学習の成果を整理して図化する活動から始める。図化にあたっては，以下のようなワークシートを活用する。ここにあてはめながら幕府のしくみや大名や貿易，農民の統制について整理し，江戸時代が約260年も続いた理由を自分なりに考察させる。

ワークシートの四方に、これまでの学習を振り返りながらその特色を書き込ませていく。この課題は、個人で行ってもグループで行ってもよい。しかし、個人で課題に取り組む場合でも近くの生徒と協働することは許可する。協働した方が、より深く多様な考えが出てくるからである。

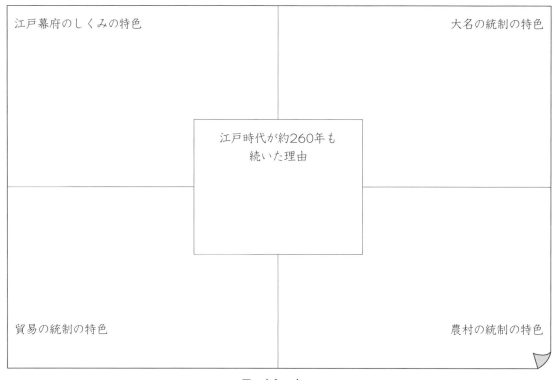

ワークシート2

　そして、四方が埋まったら、全体を見ながら中心にある江戸時代が約260年も続いた理由の思考に入る。ここは、個人の思考をみとる部分であり、この後の論述の核となるところなので、必ず個人で取り組ませる。
　ワークシートが完成したら、論述に入る。これまで整理してきたワークシートを参考にして、自身の考えを論述させる。論述の際には、ルーブリックに示してある既習事項の活用、作成した図の活用、そして論理的な説明の三つについて意識させる。

③まとめ

　本時における思考の成果の共有であるが、論述した文章を発表させる他に、作成したワークシート2を共有することが考えられる。共有のタイミングは、後日掲示して共有することもできるし、まとめの時間に一部を実物投影機などで表示することもできるだろう。いずれにせよ、共有することによって自分では気づかなかった点に気づいたり、自分の思考をより深めたりすることが期待できるので、何らかの形で共有してほしい。

成果物の具体例と評価のポイント

①評価基準Aの具体例

A評価は、B評価の基準を満たしたうえで、一つの観点、もしくは全体においてより多面的・多角的な考察が読み取れるもの。より深い考察であると判断できることが、評価のポイントである。

右の例は、既習性、図表の利用、論理性の3点においておおむね満足できる記述である。そのうえに、「幕府のみが海外情報を得るという貿易の統制」「年貢の安定確保を目指した農民の統制」といった内容まで踏み込んだ記述や、「鎌倉時代の主従関係は幕府の制度としてまでしか確立していないが、（中略）幕府がまとめ上げるという幕藩体制を早期に確立している」といった中世の家臣統制と近世の家臣統制との比較があるなど、より深い考察が読み取れる。

> 江戸時代が約260年も続いたのは、江戸幕府による様々な統制のしくみが整えられたからだと思う。江戸幕府は成立後、これまでの幕府にはない大名の統制や幕府のみが海外情報を得るという貿易の統制、そして、年貢の安定確保を目指した農民の統制のしくみをバランスよくつくった。特に大名（家臣）の統制は優れていると思う。鎌倉時代の主従関係は幕府の制度としてまでしか確立していないが、江戸時代の大名統制は一定の支配権を認め領地を支配させておき、それを幕府がまとめ上げるという幕藩体制を早期に確立している。また、参勤交代でしっかりと諸大名を掌握した。このような大名統制のしくみは幕末に至るまで続き、江戸時代は大きな戦いがなかった。だからこそ、長期で安定した社会を実現することにつながったのだと思う。

②評価基準Bの具体例

B評価は、学習の成果が活かされていること、整理した図をもとにして論じられていること、歴史的な根拠を挙げて論じていることの三つについておおむね満たされていることが評価のポイントである。

右の例は、「大名に対しては一定の支配権を認め領地を支配させておき、それを幕府がまとめ上げる」という記述から既習性が、「これまでの幕府にはない大名の統制や貿易の統制（中略）をバランスよくつくった」図表の利用が読み取れる。適宜歴史的な根拠を挙げながら論じているので、B評価の基準を満たしていると判断した。

> 江戸時代が約260年も続いたのは、江戸幕府による様々な統制のしくみが整えられたからだと思う。江戸幕府は成立後、これまでの幕府にはない大名の統制や貿易の統制、そして、農民の統制のしくみをバランスよくつくった。特に大名に対しては一定の支配権を認め領地を支配させておき、それを幕府がまとめ上げるという幕藩体制を早期に確立した。また、参勤交代でしっかりと諸大名を掌握した。このような大名統制のしくみは幕末に至るまで続き、江戸時代は大きな戦いがなかった。だからこそ、長期で安定した社会を実現することにつながったのだと思う。

歴史的分野

歴史的分野

❶ 近代の日本と世界

TV番組で，
これからの日本や世界に必要な考え方を提案しよう

生徒に身につけさせたい力

　本単元は，大項目C「近現代の日本と世界」の最初の中項目であり，19世紀頃から20世紀前半までの我が国の歴史を，18世紀頃からの世界の動きとの関連をふまえて扱う。
　ここでは，工業化の進展と政治や社会の変化，明治政府の諸改革の目的，議会政治や外交の展開，近代化がもたらした文化への影響，経済の変化の政治への影響，戦争に向かう時期の社会や生活の変化などに着目しながら近代の日本と世界を大観し，近代の社会の変化の様子を多面的・多角的に考察し，表現する力を養う。なお，新学習指導要領からは，これまでの「近代の日本と世界」「現代の日本と世界」を一つの大項目として構成するようになった。

単元の目標

　課題追究や課題解決の学習を通して，欧米諸国の近代社会成立とアジア進出，明治維新と近代国家の基礎整備，生活の変化，立憲制国家の成立と議会政治の始まり，我が国の国際的地位の向上，我が国の近代産業の発展と近代文化の形成，第一次世界大戦前後の国際情勢と我が国の動き，国際平和への努力，軍部の台頭から戦争までの経過，大戦が及ぼした人類全体の惨禍などについて理解するとともに，近代の社会の変化の様子を多面的・多角的に考察し，表現する。

単元の評価規準

知識・技能
・欧米諸国の近代社会成立とアジア進出，明治維新と近代国家の基礎整備，生活の変化，立憲制国家の成立と議会政治の始まり，我が国の国際的地位の向上，我が国の近代産業の発展と近代文化の形成，第一次世界大戦前後の国際情勢と我が国の動き，国際平和への努力，軍部の台頭から戦争までの経過，大戦が及ぼした人類全体の惨禍などについて理解している。
思考力・判断力・表現力
・近代の社会の変化の様子や近代の日本を大観して，時代の特色を多面的・多角的に考察し，表現している。
主体的に学習に取り組む態度
・近代の日本の歴史に関して，主体的に追究しようとするとともに，我が国の歴史に対する愛情を深めようとする態度を養っている。

単元の指導計画

時	主な学習活動	評価
1	◆世界恐慌と日本への影響 世界恐慌発生の理由やその影響を，第一次世界大戦後の世界情勢と関連づけて考察し理解する。	・世界恐慌発生の理由やその影響について理解している。(知技)
2	◆世界恐慌に対する各国の選択 各国の情勢をふまえながら，世界恐慌に対する各国の対策や対立の深刻化について考察し理解する。	・世界恐慌に対する各国の対策を各国の情勢と関連づけて理解している。(知技)
3	◆政党政治から軍部の政治へ 政党政治が行き詰まりを見せ，軍部が台頭してきた理由を考察し理解する。	・政党政治の衰退と軍部の台頭を関連づけて理解している。(知技)
4	◆戦争の道へ向かう日本 国際社会から孤立した日本がドイツとのつながりを背景に満州から中国北部へと軍を進め，軍国主義化していくことを考察し理解する。	・国際社会から孤立したことと日本の中国進出を関連づけて理解している。(知技)
5	◆第二次世界大戦の勃発 国際情勢の中でいっそうのファシズム化を進めるドイツの動きとそれに対する勢力の動きについて考察し，理解する。	・第二次世界大戦勃発の過程をファシズム対反ファシズムの構図をもとに理解している。(知技)
6	◆太平洋戦争への突入 国際情勢の理解をもとに日本とアメリカとの対立が深まり開戦を決断したことについて考察し理解する。	・日本が国際情勢の中でアメリカと対立していったことを理解している。(知技)
7	◆厳しい戦局の中での暮らし 様々な資料を活用して戦時下の人々の生活の様子を読み取り，なぜ当時の人々は苦しい生活を耐え忍んだのかを個人やグループで考察する。	・戦時下の状況をもとに苦しい生活を耐え忍んだ戦時下の人々の心情を考察し表現している。(思判表)
8	◆原子爆弾の投下と日本の敗戦 昭和初期から終戦までの歴史の整理や戦争遂行を進めた理由を討論したことをもとに，これからの日本や世界がすべき考え方を考察し論述する。	・これまでの学習の成果をもとにしてこれからの日本や世界がすべき考え方を考察し表現している。(思判表)

※中項目(1)「近代の日本と世界」は，(ア)から(カ)の六つの小単元から成り立っている。ここでは，(カ)「第二次世界大戦と人類への惨禍」を事例に単元の指導計画を示す。

歴史的分野

授業展開例（第8時）

（1）パフォーマンス課題

> あなたは著名な歴史研究者です。ある日，あなたのもとへ某テレビ局の番組プロデューサーから番組の出演依頼がきました。
> 「大日本テレビで番組制作プロデューサーをしております西条英機と申します。実はうちの局で，今年の8月15日に太平洋戦争に関する特別番組を放送することが決まりました。番組は，軍部が政治に入り込み戦争へのムードが高まっていく頃から終戦までの歴史を分析し，番組の最後で日本はなぜ戦争の道へと進んでしまったのかを議論するとともに，日本や世界に必要な考え方を提案する内容にしたいと考えております。つきましては，先生に討論者として出演していただきたいと考えております」
> あなたは少し考えた後，出演を承諾しました。
> 「ありがとうございます。つきましては，番組制作の参考といたしますので，番組の討論テーマであります，日本はなぜ戦争の道へと進んでしまったのか，これからの日本や世界はどのような考え方をしていけばいいのかという問いについて，先生のお考えを私まで送っていただきたいと思います。何卒よろしくお願いいたします」
> 電話を切ったあなたは，さっそく昭和初期から終戦までの歴史について図化しながら整理し，問いについての回答をまとめ始めました。また，研究者の会合で仲間の研究者とも議論してみました。
> さて，このお話に出てくる昭和初期から終戦までの歴史について図化したり，なぜ戦争の道へと進んでしまったのかという問いについてグループで討論したりしたことをもとに，これからの日本や世界はどのような考え方をしていけばよいのかを考え論述しましょう。

（2）ルーブリック

	パフォーマンスの尺度（評価の指標）
A	・B評価の基準を満たしたうえで，多面的・多角的な考察やより深い考察ができていると判断される。
B	・昭和初期から終戦までの歴史の流れをもとに日本が戦争の道へと進んでしまった理由を考え，それをふまえながらこれからの日本や世界がしていかなければならない考え方を論理的に考察し，自分の考えを適切に述べている。
C	・昭和初期から終戦までの歴史の流れをもとに考察していない，日本が戦争の道へと進んでしまった理由をふまえて考察できていない，日本や世界がしていかなければならない考え方を論理的に考察していないなど，不十分と判断される点が見られる。

（3）授業の流れ
①導入
　授業の準備が整った後，すぐに本時のパフォーマンス課題を提示する。課題の設定について確認した後，ワークシートを配布し，学習活動に入る。

②展開
　まず，これまでの学習の整理から始める。パフォーマンス課題にある，軍部が政治に入り込み，戦争へのムードが高まっていく頃から終戦までの歴史を，ワークシートに整理して分析させる。

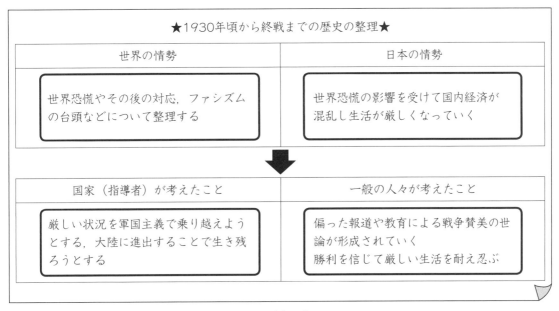

ワークシート

　ここでは，世界恐慌による経済の世界的な混乱が我が国にも波及し，それらが大きな転換点となって我が国が軍国主義の道へ進んでいったことや，政党政治が行き詰まりを見せ，軍部が台頭していくこと，大陸進出の延長線上に中国との戦争が始まり長期化したこと，国際連盟を脱退した日本が世界の中で孤立し，ファシズムに走っていたドイツやイタリアと三国同盟を組み，アメリカやイギリスなどと敵対していったことを確認する。そしてそれをふまえながら，厳しい状況を軍国主義で乗り越え，大陸に進出することで生き残ろうとする国家（及びその指導者）の考えや，こうした政治の中で偏った報道や教育も加わって戦争賛美の世論が形成され，勝利を信じ厳しい生活を耐え忍ぶという一般の人々の考えを再度捉えさせたい。また，ワークシート一枚に整理することで，個々の状況や考えを俯瞰する。
　次に，このワークシートをもとにして，なぜ戦争の道へと進んでしまったのかグループで討論する。ここではグループにすることにより，いろいろな立場からの視点で，戦争に突入して

しまった理由を多面的・多角的に考えさせる。グループでまとめた意見はクラス全体で共有し，イタリア・ドイツの降伏から終戦までの歴史的な流れを指導する。ここでは，勝利を信じて耐え忍んできた国民が玉音放送を聞いたときの心情も考えさせたい。

③まとめ

展開の学習活動をもとにして，いよいよこれからの日本や世界がすべき考え方を論述させる。この課題は短い文章で論述させて，本時内で完結させることも，後日提出させる課題にしてこれまでの学習事項や資料を参考にじっくりと考えさせる大きな課題としてもよいだろう。ここは時数や生徒の状況などで工夫してほしい。

また，本時の学習について，新学習指導要領の内容の取扱いでは「国際協調と国際平和の実現に努めることが大切であることに気付かせる」とあり，大戦が国民や人類全体に惨禍を及ぼしたことを理解させるうえで留意したい。ここから次の(2)「現代の日本と世界」の学習につなげる。なお，本時のパフォーマンス課題を，これからの日本や世界はどのような考え方をしていけばよいのかを考え論述することにしたのも，この点に配慮したからである。

※補足　第7時「厳しい戦局の中での暮らし」の授業展開について

本時の授業を進めるにあたって重要なのが，第7時の学習である。第1時から第7時までの授業は，およそ国家とその指導者が考え，実行してきた歴史の学習である。これに対し第7時は，一般の人々の生活に焦点をあてた授業となる。つまり，第7時は歴史をつくる立場がこれまでの授業と異なるのである。歴史を多面的・多角的に捉えようとするなら，こうした違う立場から歴史を見ることが重要である。しかも歴史は，国家やその指導者がつくるものではなく，多くの一般の人々がつくるものである。第8時で行う「なぜ戦争の道へと進んでしまったのか？」という議論では，ぜひ一般の人々の視点も加えて議論させたい。そのためには，第7時で戦時下の人々の暮らしの現状を知り，苦しい生活を耐え忍んだ当時の人々の思いを考えさせる。戦争へと突き進む国家に対して，国民はどのような受け止め方をしたのか。戦争を賛美するような世論はなぜ広まったのかを考えてこそ，第8時のパフォーマンス課題が多面的・多角的に考えられるのである。

以下に第7時の大まかな流れを示す。

導入	・様々な資料を活用して戦時下の人々の生活の様子を読み取る。
展開	学習課題：なぜ当時の人々は苦しい生活を耐え忍んだのか ・個人で考えたものをグループで意見交換して深める。 ・グループで考えたこと，意見交換したことをクラスで共有する。
終末	・グループで意見交換したことやクラスで共有したことを活かしながら，学習課題を個人で再試行させる。

成果物の具体例と評価のポイント

①評価基準Aの具体例

A評価は，B評価の基準を満たしたうえで，多面的・多角的な考察やより深い考察ができていると判断されることが評価のポイントである。

右の例は，歴史の流れから戦争遂行の理由とこれからの日本や世界がすべき考え方を述べ，B評価の基準を満たしている。さらに戦前の日本とその指導者の考えだけでなく国民の心情にもふれ，多角的に考察していることが読み取れる。また，日本国憲法の考え方を出しながら個人の尊重が国家の進み方に対して修正力となることを指摘し，個人の尊重を重視していくことが平和で民主的な国家の形成につながると論じている。この部分からより深い考察ができていることが読み取れる。よって，A評価と判断した。

> 戦前の日本とその指導者は，厳しい状況を大陸に進出することで切り開こうと考えた。国際社会から孤立を深める中で軍国主義，全体主義に走った。この流れは国民生活にも浸透し，世論を形成して国民の心情を支配した。このような状況では異論を唱える個人があっても声を上げることはできず，ただ大きな潮流に流されるだけである。ならば，私は個人の尊重こそがこれからの日本や社会に必要な考え方であると思う。日本国憲法でも個人の尊重を掲げ，個人の尊重のうえに民主的な国家が成り立つと考えている。個人が尊重されていれば，たとえ間違いがあったとしてもそれを指摘し修正する力が働く。個人が尊重されてこそ，平和で民主的な国家となるのではないだろうか。

②評価基準Bの具体例

B評価は，昭和初期から終戦までの歴史の流れをもとにしていること，日本が戦争の道へと進んでしまった理由を考えていること，これらをふまえながらこれからの日本や世界がしていかなければならない考え方を論理的に考察し，自分の考えを適切に述べていることが評価のポイントである。

右の例は，軍部の台頭と軍国主義，全体主義の流れがつくられたことから軍国主義，全体主義が戦争遂行の理由とし，個人の尊重がこれからの日本や世界で大切であることを述べている。ここからB評価の基準を満たしていると考え，B評価とした。

> 日本は厳しい状況を大陸に進出することで切り開こうと考えた。軍部が政治の実権を握り，軍国主義，全体主義の流れがつくられた。さらにドイツとつながることでこの流れをいっそう強め，満州からさらに中国北部へと進んでいく。これが戦争の道へと進んだ理由であるならば，個人の尊重こそがこれからの日本や社会に必要な考え方ではないだろうか。個人の考えが尊重されるのであるならば，間違いを指摘する人の意見も尊重される。個人があって，その思いが尊重されてこそ，平和で民主的な国家となるのではないだろうか。

歴史的分野

歴史的分野　⓭　現代の日本と世界

30年後の自分に，よりよい社会を築くためのメッセージを送ろう

生徒に身につけさせたい力

　本単元では，戦後の諸改革の展開と国際社会の変化，政治の展開と国民生活の変化などに着目しながら現代の日本と世界を大観し，現代の社会の変化の様子を多面的・多角的に考察し，表現する力を養う。さらに，歴史学習最終の単元でもあるので，これまでの歴史学習全体をふまえて歴史と私たちとのつながりや現在及び未来の日本や世界の在り方について，課題意識をもって多面的・多角的に考察，構想し，表現する力も養う。

単元の目標

　課題追究や課題解決の学習を通して，第二次世界大戦後の諸改革の特色，世界の動きの中での新しい日本の建設，我が国の科学技術の発展による国民生活の向上，国際社会における我が国の役割の拡大などについて理解するとともに，現代の社会の変化の様子を多面的・多角的に考察し，表現する。さらに，これまでの歴史学習全体をふまえて歴史と私たちとのつながりや現在及び未来の日本や世界の在り方について，課題意識をもって多面的・多角的に考察，構想し，表現する。

単元の評価規準

知識・技能
・戦後の諸改革の特色，世界の動きの中での新しい日本の建設，我が国の科学技術の発展による国民生活の向上，国際社会における我が国の役割の拡大などについて理解している。
思考力・判断力・表現力
・現代の社会の変化の様子や現代の日本を大観して，時代の特色を多面的・多角的に考察し，表現している。 ・これまでの歴史学習全体をふまえて歴史と私たちとのつながりや現在及び未来の日本や世界の在り方について考察・構想し，表現している。
主体的に学習に取り組む態度
・現代の日本の歴史に関して，主体的に追究しようとするとともに，我が国の歴史に対する愛情を深めようとする態度を養っている。 ・これまでの歴史学習全体をふまえて歴史と私たちとのつながりや現在及び未来の日本や世界の在り方について，考察・構想を深めようとする態度を養っている。

単元の指導計画

時	主な学習活動	評価
1	◆冷戦の拡大と日本・アジア 東西冷戦の拡大の日本やアジアへの影響や日本と近隣諸国との関係を，世界情勢と関連づけて考察し，理解する。	・東西冷戦の拡大の日本やアジアへの影響や日本と近隣諸国との関係について理解している。(知技)
2	◆高度経済成長と日本の急速な発展 世界情勢をふまえて高度経済成長の発生やその影響，我が国の大きな変化と諸外国との関係などについて考察し，理解する。	・高度経済成長の発生やその影響，我が国の大きな変化と諸外国との関係などについて理解している。(知技)
3	◆メディアの発達と文化の広がり 戦後における文化の大衆化や人々の生活の変化をマスメディアの発達とその影響と関連づけて考察し，理解する。	・戦後における文化の大衆化や人々の生活の変化について理解している。(知技)
4	◆グローバル化が進む世界 冷戦の終結や東西ドイツの統一，EUの発足や湾岸戦争，同時多発テロとイラク戦争などを扱い，国家や民族，宗教などが混ざり合い，国家という枠組みを超えて相互依存を強めていく動きを考察し，理解する。	・国家や民族，宗教などが混ざり合い，国家という枠組みを超えて相互依存を強めていく動きを理解している。(知技)
5	◆大きく変化していく日本・アジア 55年体制の終わりやバブル経済の発生と崩壊，中国経済の拡大などを扱い，昭和から平成にかけての日本及びアジアの変化について考察し，理解する。	・昭和から平成にかけての日本及びアジアの変化について理解している。(知技)
6	◆グローバル化する世界とこれからの日本 戦後の歴史を整理し，歴史と私たちとのつながりや国際化やグローバル化が進展する中での現在及び未来の日本や世界の在り方について考察・構想を深める。	・歴史と私たちとのつながりや国際化やグローバル化が進展する中での現在及び未来の日本や世界の在り方について考察・構想している。(思判表)

※中項目(2)「現代の日本と世界」は(ｱ)及び(ｲ)の二つの小単元から成り立っている。ここでは，(ｲ)「日本の経済の発展とグローバル化する世界」を事例に単元の指導計画を示す。

授業展開例（第6時）

(1) パフォーマンス課題

> あなたは「これからの日本や世界を創る中学生会議」のメンバーです。会議では，30年後の社会を見据えて，よりよい社会を築くためにこれまでの歴史を分析する活動を続けています。あなたのグループでは，分析の方法として戦後の日本や世界の動きを年表形式でまとめる活動をしてきました。分析の結果，戦後の社会は，国家がお互いに密接な関係をもちながら発展をしてきたことがわかりました。しかし，その裏では解決が困難な課題も生み出してきたこともわかりました。
>
> そこであなたは，この年表をもとにして戦後の動きを解釈し，そのうえで30年後の社会に向けてよりよい社会を築くための提言を行います。提言は「30年後の自分に向けたメッセージ」という形式にすることにしました。あなたはこの「30年後の自分に向けたメッセージ」を考えてください。まずあなたは，よりよい社会を築くために，戦後の歴史を振り返り，これからの人々は何をしなければならないのかを考えます。次に，それらを同じグループのメンバーと意見交換をします。様々なテーマや考えにふれてあなたの考えは深まっていくことでしょう。そして，ここまでの活動をふまえて再度「30年後の自分に向けたメッセージ」を考えてください。

(2) ルーブリック

	パフォーマンスの尺度（評価の指標）
A	◆B評価の三つの観点をすべて満たしたうえで，その一部または全部で特に優れた要素（多面的・多角的に考察しているなど）が含まれている。または，全体を通じてより深い考察であると判断される。
B	◆以下の三つの観点すべてについておおむね満足できる回答である。 ・これまでの歴史をプラス面とマイナス面の両方から解釈している。 ・将来の世代のニーズを満たす能力を損なうことなく，現在の世代のニーズを満たすような発想である。 ・具体的な例などを示しながら論理的に書かれている。
C	◆以下のような点が見られるような回答である。 ・これまでの歴史をプラス面もしくはマイナス面の一方だけで解釈している。 ・将来の世代のニーズもしくは現在の世代のニーズのどちらか一方のみを満たすような発想である。 ・具体的な例などを示していない，または論理的に書かれていない。

(3) 授業の流れ

本時は，小単元(イ)「日本の経済の発展とグローバル化する世界」全体をまとめる授業として位置づけており，第6時で使用する年表は単元の学習全体を通して作成していく。年表のワークシートは単元の学習の最初で配布しておき，学習の随時で生徒に記入させる。記入にあたっては色の使い方やレイアウトなど生徒自身が工夫し，主体的に作成させたい。この年表の出来栄えが第6時の学習に大きく影響してくるので，教師は随時指導をしていくことが大切である。

本時は歴史学習最後の授業であり，中項目(2)「現代の日本と世界」，さらには歴史学習全体のまとめの時間でもある。本時のパフォーマンス課題に取り組む際には，戦後の歴史のみならず，歴史と私たちとのつながりという視点をもたせ，歴史からの学びを十分に活かしたい。

	45〜	50〜	60〜	70〜	80〜	90〜	2000〜
日本の動き							
世界の動き							
時代							

年表ワークシートの作成例

※下段の「時代」の記入らんは，10年ごとの時代のイメージなどを考えて記入させる。10年ごとの時代のイメージをまとめておくと，戦後70年あまりの流れが捉えやすくなる。

さらに本時は，現在及び未来の日本や世界の在り方について，課題意識をもって多面的・多角的に考察，構想する学習を行う授業を行わなければならない。このような授業では，将来の世代のニーズを満たす能力を損なうことなく，現在の世代のニーズを満たすような社会づくりの担い手を育成するESDの視点をもつことが大切である。歴史からの学びを活かしながら，生徒にしっかりと未来を構想させる授業を行うことが重要である。新学習指導要領からは地理的分野のみならず，総則や社会科全体にも入ってきた視点であるので留意したい。

> ESDとは，Education for Sustainable Developmentの略で「持続可能な開発のための教育」と訳され，将来の世代のニーズを満たす能力を損なうことなく，現在の世代のニーズを満たすような社会づくりの担い手を育成する教育のことである。つまり，「現代社会の課題を自らの問題として捉え，身近なところから取り組む（think globally act locally）ことにより，それらの課題の解決につながる新たな価値観や行動を生み出すこと，そしてそれによって持続可能な社会を創造していくことを目指す学習」（日本ユネスコ国内委員会）というよりよい社会に向けての態度や行動への転換を促す教育である。戦後，人々は物質的に豊かな社会を実現するために経済発展を目指して利便性や効率性を過度に追求し，資源やエネルギーを大量に消費する生活を続けた。しかし，資源エネルギーの限界や，自然の限界に気づき始め，従来の生き方や生活スタイルを変えていくことが求められるようになった。この変革には，あらゆる場面で人々の意識改革が必要であり，教育そのものの在り方を見直さなければならないと考えるようになった。この流れを受けて生まれた考え方がESDであり，2002年，持続可能な開発に関する世界首脳会議（ヨハネスブルグ・サミット）において，我が国が提唱したものである。

①導入

本時のパフォーマンス課題を示し，戦後の歴史を振り返りながらこれからの人々は何をしなければならないのかを個人で考えさせる。戦後の歴史を振り返る際は，単元の学習の中で作成してきた年表を参考にさせる。このとき，戦後の歴史をプラス面とマイナス面の双方向から検証するよう促す。考えたことは，ワークシートに記入させる。

②展開

個人の考えがまとまったら，グループをつくって意見交換をさせる。この意見交換は，個人の思考を深化・変容させるための手段として位置づける。様々な意見にふれることで，多様な視点や価値観を知ることができ，自身の思考がより深く，より多面的・多角的になっていくのである。教師は，このグループ活動の意味をしっかりと理解したうえで机間指導にあたってほしい。必要に応じて助言・指導していく。

③まとめ

グループでの意見交換をもとに再度自身の考えを再構成させる。このとき，グループでの多様な価値観にふれて自身の考えを大きく変容させる生徒もいると思うが，これも思考の進化の一つであるので認めていく。また，書くことで自身の思考が整理・再構成・深化していくので，書きながら考えることを促していく。思考の過程や深化が可視化され，構想が深まるワークシートを工夫されるとよいだろう。

成果物の具体例と評価のポイント

①評価基準Aの具体例

　A評価は，B評価の基準を満たしたうえで，その一部または全部で特に優れた要素（多面的・多角的に考察しているなど）が含まれている，または全体を通じてより深い考察であると判断されることが評価のポイントである。

　右の事例は，「国を挙げて開発を進める中では環境に配慮する意識は小さかったのです」という表現があり，当時の開発優先が経済だけでなく政治の面からも進められていたことが読み取れる。また，「環境に配慮した新しい発想で開発を進めなければなりません」「開発と環境保全の両立こそが本当の豊かさや幸福を生み出します」の記述から新しい発想で開発と環境保全の両立を考えており，多面的・多角的な深い思考ができていると判断し，A評価とした。

> 戦後の人々は全体主義からの解放と民主国家へ向かう諸改革の中で希望をもって努力を続けました。その一つの結果が高度経済成長です。しかし，生活が豊かになる裏で，公害などの問題が進みました。国を挙げて開発を進める中では環境に配慮する意識は小さかったのです。こうした歴史を教訓にしてこれからの私たちは現代及び将来の双方にとって幸福である社会をつくらなければならないと思います。そのために，私たちは環境に配慮した新しい発想で開発を進めなければなりません。40代半ばである30年後の私は，社会の中心で活躍されていることでしょう。開発と環境保全の両立こそが本当の豊かさや幸福を生み出します。あなたの置かれた立場から環境に配慮した開発を進めてください。

②評価基準Bの具体例

　B評価は，これまでの歴史をプラス面とマイナス面の両方から解釈していること，将来の世代のニーズを満たす能力を損なうことなく，現在の世代のニーズを満たすような発想であること，具体的な例などを示しながら論理的に書かれていることの三つの観点がおおむね満たされていることが評価のポイントである。

　右の例は，高度経済成長をプラスとマイナスそれぞれから評価したうえで現代及び将来の双方にとって幸福である社会の実現のためには環境への配慮が重要であることを訴える記述があるので，B評価と判断した。

> 戦後の人々は全体主義からの解放と民主国家へ向かう諸改革の中で希望をもって努力を続けました。その一つの結果が高度経済成長です。豊かな生活が実現しました。しかし，この豊かさとは物質的な豊かさでした。生活が豊かになる裏で，公害などの問題が進みました。こうした歴史を教訓にしてこれからの私たちは現代及び将来の双方にとって幸福である社会をつくらなければならないと思います。そのために，私たちは環境に配慮していくことを進めなければなりません。30年後の私にも，環境に配慮することを大切にしていってほしいと思います。

公民的分野

⑭ 私たちが生きる現代社会と文化の特色

TV番組で，現代社会の生き方について最終意見を述べよう

生徒に身につけさせたい力

　公民的分野は四つの大項目からなり，大項目A「私たちと現代社会」は，(1)「私たちが生きる現代社会と文化の特色」及び(2)「現代社会を捉える枠組み」の二つの中項目から成り立っている。

　この中項目(1)は，現代日本の特色として少子高齢化，情報化，グローバル化などが見られることや現代社会における文化の意義や影響について理解させ，少子高齢化，情報化，グローバル化などが現在及び将来の政治，経済，国際関係に与える影響や文化の継承と創造の意義について多面的・多角的に考察し，表現する力を養う。また，公民的分野の導入として位置づけ，現代の社会的事象について関心を高め，課題を意欲的に追究する態度も養う。

単元の目標

　現代日本の特色として少子高齢化，情報化，グローバル化などが見られることや現代社会における文化の意義や影響について理解するとともに，少子高齢化，情報化，グローバル化などが現在及び将来の政治，経済，国際関係に与える影響や文化の継承と創造の意義について多面的・多角的に考察し，表現する。さらに小学校での学習や地理的分野及び歴史的分野の学習を主体的に活かし，現代の社会的事象について関心を高め，課題を意欲的に追究する態度を養う。

単元の評価規準

知識・技能
・小学校での学習や地理的分野及び歴史的分野の学習を活かし，現代日本の特色として少子高齢化，情報化，グローバル化などが見られることや現代社会における文化の意義や影響について理解している。
思考力・判断力・表現力
・小学校での学習や地理的分野及び歴史的分野の学習を活かし，少子高齢化，情報化，グローバル化などが現在及び将来の政治，経済，国際関係に与える影響や文化の継承と創造の意義について多面的・多角的に考察し，表現している。
主体的に学習に取り組む態度
・小学校での学習や地理的分野及び歴史的分野の学習を主体的に活かし，現代の社会的事象について関心を高め，課題を意欲的に追究する態度を養っている。

単元の指導計画

時	主な学習活動	評価
1	◆少子高齢化が進む現代社会 少子高齢化の進行の背景や世界各国及び日本の状況などについて調べ、少子高齢化の特色について理解する。	・少子高齢化の進行の背景や状況をもとに、その特色について理解している。（知技）
2	◆情報化が進む現代社会 情報化社会の進展の背景や世界各国及び日本の状況などについて調べ、少子高齢化の特色について理解する。	・情報化社会の進展の背景や状況をもとに、その特色について理解している。（知技）
3	◆グローバル化が進む現代社会 グローバル化社会の進展の背景や世界各国及び日本の状況などについて調べ、少子高齢化の特色について理解する。	・グローバル化社会の進展の背景や状況をもとに、その特色について理解している。（知技）
4	◆社会の変化が現代社会に与える影響 小学校での学習や地理的分野及び歴史的分野の学習を活かしながら、少子高齢化や情報化、グローバル化など現代社会の新たな変化が現在や将来の政治、経済、国際関係に与える影響を考察し、それをもとにこれからの人々の在り方について考察し、表現する。	・現代社会の新たな変化が現在や将来の政治、経済、国際関係に与える影響をもとにこれからの人々の在り方について考察し、表現している。（思判表）
5	◆私たちの生活と文化 日常生活の中を振り返り科学の発展や芸術の役割、宗教などが人々の生活に与える影響について理解する。	・科学、芸術、宗教などが人々の生活に与える影響について理解している。（知技）
6	◆日本の伝統と文化 日本の伝統文化について調べ、それが形づくられてきた背景や現代の日本の生活に与える影響ついて理解する。	・日本の伝統文化が形づくられてきた背景や現代の日本の生活に与える影響について理解している。（知技）
7	◆文化の継承と創造の意義 小学校での学習や地理的分野及び歴史的分野の学習を活かしながら、変化の激しい現代社会の中で伝統文化を継承していく意義や社会の変化に合った新たな文化を創造していく意義について考察し、表現する。	・伝統文化の継承の意義や社会の変化に合った新たな文化を創造していく意義について考察し、表現している。（思判表）

授業展開例（第4・7時）

（1）パフォーマンス課題
【第4時】

> あなたは，私たちが生きる現代社会と文化の特色を探究するテレビ番組「現代社会を生きる」に出演するコメンテーターです。今日のテーマは「現代社会の特色と影響」です。番組では，現代社会の特色として少子高齢化，情報化，グローバル化の三つについてその背景や世界各国及び日本の状況などについてレポートがありました。レポートを受けて，これら現代社会の新たな変化が，現在や将来の政治，経済，国際関係に与える影響，さらにはこれからの人々の在り方についてコメンテーター同士の討論を行います。そして，番組の最後で各コメンテーターから最終意見を示すこととなっています。さて，番組の収録がいよいよ始まりました。番組の進行にしたがって最終意見を述べましょう。

【第7時】

> 今日はあなたがコメンテーターとして出演するテレビ番組「現代社会を生きる」の収録日です。今回のテーマは「文化の継承と創造の意義」です。今日もテーマに関するレポートを受け，変化の激しい現代社会の中で伝統文化を継承していく意義や社会の変化に合った新たな文化を創造していく意義についてコメンテーター同士で討論し，最終意見を述べることになっています。レポートは，日常生活の中で科学の発展や芸術の役割，宗教などが人々の生活に与える影響や日本の伝統文化が形づくられてきた背景や現代の日本の生活に与える影響についてのものでした。番組の進行にしたがって最終意見を述べましょう。

（2）ルーブリック

	パフォーマンスの尺度（評価の指標）
A	◆B評価の基準をすべて満たしたうえで，記述の一部または全部により多面的・多角的な深い考察が見られる。
B	◆以下の三つの観点について，おおむね満足すると判断できる。 ・前時までに行っている学習で学んだことをふまえての意見になっている。 ・現代社会の特色を捉え，そこから現代社会の生き方を示す内容である。 ・自身の意見が論理的に述べられている。
C	◆B評価の三つの観点について，その一つの観点もしくは全体において不十分と判断されるところを含む。

（3）授業の流れ

本単元の学習は，第1時からパフォーマンス課題にある架空のテレビ番組「現代社会を生きる」の設定で進める。単元指導計画の第1～4時を「現代社会の特色と影響」の回の収録，第5～8時を「文化の継承と創造の意義」の回と設定するのである。第1～3時と第5・6時は番組中の現代社会と文化の特色をレポートする部分となる。様々な資料を用いて現代社会と文化の特色が捉えられるように進めていく。

このような流れで授業を進めていくので，パフォーマンス課題を提示するタイミングは，第1時及び第5時の冒頭である。生徒には最終的に自身の意見を論述することを想定させながら授業を進めていく。

①導入【第4時】

冒頭で，本時のパフォーマンス課題を確認する。そして，番組の現代社会の特色についてのレポート部分である第1～3時の内容を簡単に振り返らせよう。本時での思考の展開が視覚的に把握できるワークシートを用意しておくとよい。

①：現代社会の特色（その背景や世界各国及び日本の状況など）		
少子高齢化	情報化	グローバル化

⬇

現代社会の新たな変化が現在や将来の政治，経済，国際関係に与える影響やこれからの人々の在り方とはどのようなものか

⬇

②：コメンテーター同士の討論

◆自分の考え

- -

◆討論したこと

本時に活用するワークシートの例

②展開【第4時】
　前時までの振り返りができたら，コメンテーター同士の討論に入る。最初に「現代社会の新たな変化が現在や将来の政治，経済，国際関係に与える影響や，これからの人々の在り方とはどのようなものか？」という本時で考えるテーマを確認する。テーマはワークシートにも記入しておき，生徒にしっかりと捉えさせる。そして，3～5分くらいの時間をとって自身の考えを整理させる。これもワークシートに記入させる。ある程度自身の考えがまとまったらグループで討論（意見交換）に移る。討論では各自が自身の考えを述べた後，それぞれに対して反論や意見などを出し合っていく。出された意見に対して誰かが意見を述べることによって，思考を多面的・多角的に深めるよう机間指導していく。

③まとめ【第4時】
　討論が終わったら，最終意見を考える活動に入る。ワークシートに自身の最終的な考えが十分に論述できるだけのスペースをとっておく。最終意見を書く際には，ルーブリックで示した三つの観点を意識させる。

④【第7時】
　第4時が終わったら，前半と同じ流れで第5時からの指導を進めて第7時につなげる。ワークシートは以下のようなものを用意する。

①：文化の特色（日常生活の中で文化が人々の生活に与える影響及び日本の伝統文化が形づくられてきた背景や現代の日本の生活に与える影響など）	
日常生活での科学・芸術・宗教などの影響	日本の伝統文化の背景や生活への影響

↓

変化の激しい現代社会の中で伝統文化を継承していく意義や社会の変化に合った新たな文化を創造していく意義とはどのようなものか

↓

②：コメンテーター同士の討論

◆自分の考え

◆討論したこと

ワークシート

成果物の具体例と評価のポイント

①評価基準Aの具体例（第4時）

　A評価は，B評価の基準をすべて満たしたうえで，記述の一部または全部により多面的・多角的な深い考察が見られることが評価のポイントである。

　右の例はB評価の基準を満たしたうえで，「先進国と途上国，開発と環境保全といった枠組みが対立ではなく両立となるよう努力することが必要です」というどちらか一方からの視点ではなく，社会全体を見通す持続可能な社会づくりという視点で考えていることが読み取れる。その中で対立という枠組みから両立という枠組みへの転換を促すことを自身の主張としている。この部分からより多面的・多角的な深い考察ができていると判断し，A評価とした。

②評価基準Bの具体例（第7時）

　B評価は，①前時までに行っている学習で学んだことをふまえての意見であること，②現代社会の特色を捉え，そこから現代社会の生き方を示す内容であること，③自身の意見が論理的に述べられていることの三つの観点においておおむね満足できることが評価のポイントである。

　右の例は，文化が生活を支えていることや伝統文化が日本らしい生活の根底を築いていることを論じ，画一化など課題がある中で先人の営みを守りつつ他の文化にもふれながら新たな文化を創造していくことがよりよい生活の実現につながるとし，三つの観点についておおむね満足と判断した。

現代の社会は少子高齢化，情報化，グローバル化が進展しています。その影響は社会のあちこちで見られ，我々の生活もここ何十年で大きく変化してきました。急速な少子高齢化は財政や社会保障などのしくみに，情報化は人々の対話や情報に対する価値観に，グローバル化は貿易や国際関係の枠組みに大きな影響を与えています。この変化に伴い国際的な対立や地球規模での新たな課題も発生してきました。こうした中で求められることは，世界が一つとなって課題に対応し将来にわたって成長していけるような持続可能な社会をつくることです。先進国と途上国，開発と環境保全といった枠組みが対立ではなく両立となるよう努力することが必要です。

私たちの生活は文化によって支えられています。科学は生活の向上を，芸術は感情や豊かさを，宗教は思想や習慣を我々に与えました。また，伝統文化は現代においても生活の根底をつくり日本らしさの源となっています。このように現代の生活を形づくる文化ですが，グローバル化の進展によって文化の画一化も見られます。そこでこれからは伝統文化を意識して継承していくことが大切です。伝統文化には参考にすべき先人の営みがあるのです。同時に時代や環境の変化に合わせた創造も必要です。世界が一つになる流れの中で他の文化にふれ，新たな文化を創造することもよりよい生活の実現には必要です。

公民的分野

公民的分野

⑮ 市場の働きと経済

雇用と労働条件に関する改善策の原案を作成しよう

生徒に身につけさせたい力

　大項目B「私たちと経済」は二つの中項目からなり，その一つが本単元である中項目(1)「市場の働きと経済」である。この大項目は，大項目A「私たちと現代社会」の学習を受けて，主として個人，企業及び国や地方公共団体の経済活動を扱うが，この中項目(1)「市場の働きと経済」では，主として個人，企業の経済活動を扱う。

　この単元の学習では，消費生活を中心とした経済活動の意義，価格の決まり方や資源の配分など市場経済の基本的な考え方，現代の企業や金融などのしくみや働き，そして，勤労の権利と義務，労働組合の意義や労働基準法の精神などについて理解し，個人や企業の経済活動における役割と責任や社会生活における職業の意義と役割及び雇用と労働条件の改善などについて多面的・多角的に考察し，表現する力を養う。

単元の目標

　消費生活を中心とした経済活動の意義，市場経済の基本的な考え方，現代の企業や金融などのしくみや働き，勤労の権利と義務，労働組合の意義や労働基準法の精神などについて理解するとともに，個人や企業の経済活動における役割と責任や社会生活における職業の意義と役割及び雇用と労働条件改善などについて多面的・多角的に考察し，表現する。

単元の評価規準

知識・技能
・消費生活を中心とした経済活動の意義，市場経済の基本的な考え方，現代の企業や金融などのしくみや働き，勤労の権利と義務，労働組合の意義や労働基準法の精神などについて理解している。
思考力・判断力・表現力
・個人や企業の経済活動における役割と責任や社会生活における職業の意義と役割及び雇用と労働条件の改善などについて多面的・多角的に考察し，表現している。
主体的に学習に取り組む態度
・現代社会における経済のしくみや役割を主体的に捉え，市場の働きと経済について関心を高めてその課題を意欲的に追究しようとする態度を養っている。

単元の指導計画

時	主な学習活動	評価
1	◆家計の収入と支出 家計の経済活動を分析し，経済活動が様々な条件の中での選択によって行われていることを理解する。	・経済活動が多くの選択によって行われていることを理解している。（知技）
2	◆消費生活と流通 家計と企業をつなぐ流通や商業が人々の生活を支えていることや，現代の流通の発達について理解する。	・流通や商業の重要性と現代の流通の発達について理解している。（知技）
3	◆市場のしくみと価格の決定 市場における需要と供給の動きについて分析し，価格の決定と資源の配分のしくみについて理解する。	・価格の決定と資源の配分のしくみについて理解している。（知技）
4	◆生産や企業のしくみと株式会社 商品を生み出す生産が家計によって提供される労働などを投入して行われていることを理解する。	・生産や企業のしくみを家計と関連づけて理解している。（知技）
5	◆企業間競争の役割と生産の集中 企業間競争における消費者の利益や経済社会において独占の弊害に対する対策について理解する。	・企業間競争の重要性について独占の弊害と関連づけて理解している。（知技）
6	◆企業の役割と社会的責任 前時までの学習の成果を活かして，企業の経済活動における役割と社会的な責任について考察する。	・経済社会における企業の役割を社会全体の視点から考察している。（思判表）
7	◆労働の意義と労働者の権利 勤労の権利と義務をもとに，経済社会における職業の意義や個人の経済活動における役割と責任を考察する。	・職業の意義や個人の経済活動における役割と責任を考察している。（思判表）
8	◆雇用や労働を取り巻く課題 経済社会における職業の意義をもとに現代社会の特色とも関連づけ，雇用と労働条件の改善を考察する。	・経済社会での職業の意義をもとに雇用と労働条件の改善を考察している。（思判表）
9	◆金融のしくみと企業 直接金融や間接金融によって家計と企業を資金面でつなぎ，資金が円滑に循環していることを理解する。	・金融と企業との関係を直接金融や間接金融の両面から理解している。（知技）
10	◆グローバル化する企業と為替相場 為替相場のしくみや為替相場の変動がグローバル化する企業に与える影響について理解する。	・為替相場のしくみやそれが現代企業に与える影響について理解している。（知技）

公民的分野

授業展開例（第8時）

（1）パフォーマンス課題

> あなたはハローワークに勤める職員です。毎日，窓口にはたくさんの求職者がやってきます。求職者に対して行ったアンケートから人は生活のための資金を稼ぐという理由だけでなく，様々な意義を感じながら仕事をしていることがわかりました。また，雇用や労働環境の調査からは，労働や職業を取り巻く様々な課題があることもわかってきました。
>
> そこであなたの勤めているハローワークでは，これらの分析を活かして社会生活における雇用と労働条件の改善策を考え，広く提案していくことを考えました。提案を考えるにあたってハローワークの所長は，職員に提案の原案を考えてくるよう命じ，あなたも原案づくりに取り組み始めました。これまでの経験や調査を分析し，所長に提出する社会生活における雇用と労働条件の改善策の原案を作成し，期日までに提出してください。

（2）ルーブリック

	パフォーマンスの尺度（評価の指標）
A	◆B評価の基準をすべて満たしたうえで，記述の一部または全部に現実性や独創性があり，より深い考察が見られる。
B	◆以下の三つの観点について，おおむね満足すると判断できる。 ・雇用や労働環境の調査（既習事項）の成果が活かされている。 ・労働や雇用についての変化と課題を捉えた内容になっている。 ・根拠を示して論理的に説明している。
C	◆B評価の三つの観点について，その一つの観点もしくは全体において不十分と判断されるところを含む。

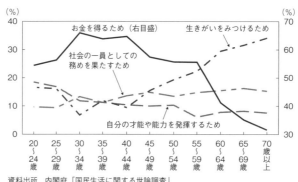

資料出所　内閣府「国民生活に関する世論調査」

出典：「年齢階級別働く目的」厚生労働省『働く人の意識と就業行動』
https://www.mhlw.go.jp/wp/hakusyo/roudou/08/dl/02_0001.pdf

（3）授業の流れ

　本単元は，消費生活と市場経済，現代の生産や金融，そして，労働と雇用といったように，私たちを取り巻く経済活度の多岐にわたって扱う単元となっている。それゆえに，単元の学習に配当した時間数も多くなっている。配当する時間数については，中項目(2)「国民の生活と政府の役割」や公民的分野全体のバランスを考慮しながら決定してほしい。

　また，第7時で内容イ(ア)に示された，個人の経済活動における役割と責任を考察するように設定したのは，勤労の権利と義務についての理解をもとに，個人は働くことを通して企業に労働力を提供して所得を得ること，また，様々な商品の購入・消費を通して豊かな生活を送ることや企業に利潤をもたらすことについて多面的・多角的に考察し，表現できるようにするためである。

　さらに，内容イ(イ)に示された職業の意義と役割及び雇用などを考察する学習も，勤労の権利と義務についての理解をもとに，労働によって家計を維持・向上させることだけでなく，個人の個性を活かすとともに，個人と社会を結びつけ，社会的分業の一部を担うことによって社会に貢献し，社会生活を支えるという意義があることについて多面的・多角的に考察し，表現できるように第7時に設定した。そして，この第7時の学習内容と密接に関わりながら第8時の学習を進めていく。

①導入

　本時は第7時の学習内容と密接に関わるものであるから，すべての国民は勤労の権利と義務を負うこと，経済社会における職業の意義は多様であること，個人は企業に労働力を提供して所得を得ることで豊かな生活を送るとともに企業に利潤をもたらすことなど，前時の学習を振り返っておく。振り返りはワークシートに整理させて本時の学習で活用する。

②展開

　振り返りが終わったらワークシートに沿って本時の学習課題に取り組む。この時点で本時のパフォーマンス課題を示し，労働や雇用についての変化と課題をグループで検討する。グループで行うのは，労働や雇用についての変化と課題を多様な視点で捉えさせるためである。いろいろな変化や課題に気づかせたい。教師はこの部分に留意して机間指導を行う。

　議論が進んできたら，グループ活動の成果を学級全体で共有したい。いくつかのグループに代表で発表したり，ホワイトボードに記入して黒板に掲示したりさせるなど，学習の状況に合わせて発表の形態は工夫してほしい。

③まとめ

　すべての生徒が労働や職業を取り巻く様々な変化や課題に気づけたら，社会生活における雇

用と労働条件の改善策の原案を個人で作成する活動に入る。この学習では，まずグループで挙げたり，学級全体で共有したりした労働や職業を取り巻く様々な課題の中から自分が注目した課題を一つ選び，それについて解決策を考え論じていく。この活動による成果物が評価の対象となるので，十分な時間を確保するために授業全体の時間配分を工夫してほしい。導入や展開での学習活動は，あくまでも解決策を考えるための前段階であるので時間をかけすぎないよう留意する。

　回答にあたっては，実社会で現実に行われているような改善策でも，自己の考えに基づいて論じられていれば評価していく。こういった社会的な課題の解決策を限られた資料や知識をもとに思考するにはやはり無理がある。独自性をもった新たな改善策ではなく，実社会ですでに行われている改善策に近いものであっても実社会で起こっている課題に正対し，論理的な思考の中から生み出されたものであるなら，実社会における課題への対応を追体験したものとして評価したい。

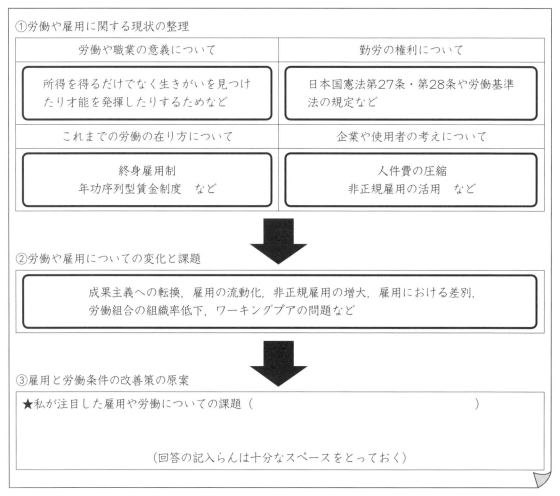

これまでの経験や調査（既習事項）を整理・分析するためのワークシート

成果物の具体例と評価のポイント

①評価基準Aの具体例

A評価は，B評価の基準をすべて満たしたうえで，記述の一部または全部に現実性や独創性があり，より深い考察が見られることが評価のポイントである。

右の例は，前半でB評価の基準を満たしたうえで，後半にワークシェアリングの介護業界での重点的な実施を提案した。さらに就労技術の習得のために有給インターン制度の導入による人材育成を提案した。ワークシェアリングの実施だけなら独創性に欠けるが，これを介護業界で重点的に実施すること，有給インターン制度を導入して人材育成することは独創的であると判断した。さらにこの改善策は，実際にあるしくみを応用したものなので現実性もあり，A評価と判断した。

②評価基準Bの具体例

B評価は，雇用や労働環境の調査（既習事項）の成果が活かされていること，労働や雇用についての変化と課題を捉えた内容になっていること，根拠を示して論理的に説明していることの三つの観点についておおむね満足と判断できることが評価のポイントである。

右の例は，「非正規雇用の割合が増えており，労働者人口の30％を超えている」「生涯賃金が極端に少ない（中略）収入すら得られない」などの記述があり，三つの観点を満たしているが，改善策がワークシェアリングの法制化にとどまり，独創性があるとはいえないのでB評価とした。

★私が注目した課題（非正規雇用の増大）

現在，パートや派遣社員などの非正規雇用の割合が増えており，労働者人口の30％を超えている。非正規雇用は正規雇用と比べて生涯賃金が極端に少ないだけでなく保険や待遇の面でも大きく下回る。一方で，深刻な人手不足により過酷な労働環境になっている業界もある。この二つを結びつけられれば異なる二つの課題が解決できるのではないか。そこで私は，ワークシェアリングを介護業界で重点的に実施することを提案する。まず，介護施設における有給インターン制度を導入し，所得を発生しながら人材育成を行う。そして，育成期間が終了した者からワークシェアリングで生み出した雇用枠に就職してもらう。

★私が注目した課題（非正規雇用の増大）

現在，パートや派遣社員などの非正規雇用の割合が増えており，労働者人口の30％を超えている。非正規雇用は正規雇用と比べて生涯賃金が極端に少ないことのみならず，保険や待遇の面でも大きく下回り，最低限の生活を営む収入すら得られないワーキングプアの問題も大きくなってきている。この雇用問題の改善策として，ワークシェアリングを法律で企業に義務づけることが必要だと思う。非正規雇用の増大は，人件費を圧縮しようとする企業側の考えが大きい。だからこそ，ワークシェアリングで人件費を増やさずに正規雇用を増やすことがよいと思う。

公民的分野

⓰ 国民の生活と政府の役割

いろいろな人の立場をふまえながら、これからの財政のあるべき姿について主張しよう

生徒に身につけさせたい力

　本単元は大項目B「私たちと経済」の二つ目の中項目である。中項目(1)「市場の働きと経済」で主として個人や企業の経済活動を扱ったのに対し、中項目(2)「国民の生活と政府の役割」では、国や地方公共団体の経済活動を扱う。

　この単元の学習では、国民の生活と福祉の向上に向けて、社会資本の整備、公害の防止などの環境保全、少子高齢社会における社会保障の充実や安定化、消費者の保護についての意義や財政及び租税の意義、国民の納税の義務について理解し、それをもとにして市場の働きに委ねることが難しい諸問題に関して、国や地方公共団体が果たす役割や財政及び租税の役割について多面的・多角的に考察し、表現する力を養う。

　また、これらの学習を通じて国民の生活と政府の役割について関心を高め、課題を意欲的に追究しようとする態度を養う。

単元の目標

　社会資本の整備、公害の防止などの環境保全、少子高齢社会における社会保障の充実や安定化、消費者の保護についての意義や財政及び租税の意義、国民の納税の義務について理解し、市場の働きに委ねることが難しい諸問題に関して、国や地方公共団体が果たす役割や財政及び租税の役割について多面的・多角的に考察し、表現する。

単元の評価規準

知識・技能
・社会資本の整備、公害の防止などの環境保全、少子高齢社会における社会保障の充実や安定化、消費者の保護についての意義や財政及び租税の意義、国民の納税の義務について理解している。
思考力・判断力・表現力
・市場の働きに委ねることが難しい諸問題に関して、国や地方公共団体が果たす役割や財政及び租税の役割について多面的・多角的に考察し、表現している。
主体的に学習に取り組む態度
・現代社会における財政や租税などのしくみや役割を主体的に捉え、国民の生活と政府の役割について関心を高め、課題を意欲的に追究しようとする態度を養っている。

単元の指導計画

時	主な学習活動	評価
1	◆**財政のしくみと働き** 福祉の向上を目的に社会資本の整備や公共サービスを提供するという経済全体における政府の経済活動について理解する。	・福祉の向上を目指す経済全体における政府の経済活動について理解している。（知技）
2	◆**税制のしくみと国債** 統計資料などを有効に活用しながら租税のしくみや考え方を理解するとともに、財源不足を補う国債発行の現状や課題について理解する。	・租税のしくみや考え方、財源不足を補う国債発行の現状や課題について理解している。（知技）
3	◆**景気の変動と財政政策** 資本主義経済における景気変動の発生や景気変動による社会への影響と政府の景気の安定化対策のしくみなどについて理解する。	・景気変動の発生や社会への影響と政府の景気の安定化対策のしくみなどについて理解している。（知技）
4	◆**社会保障のしくみと財政** 憲法第25条の精神に基づく社会保障制度の基本的な内容やその充実と安定化の重要性とともに、その財源である税収の現状や課題について理解する。	・社会保障制度の基本的な内容やその充実と安定化の重要性とともに、その財源である税収の現状や課題について理解している。（知技）
5	◆**少子高齢化と財政** 少子高齢社会における社会保障の充実と財源確保の問題を両立させる持続可能な財政の在り方について考察し、表現する。	・対立する社会保障の充実と財源確保を両立する財政の在り方について考察し、表現している。（思判表）
6	◆**消費者の自立と政府の役割** 消費者の利益の擁護や増進について、消費者の権利の尊重及びその自立の支援などのため国は消費者支援を推進する役割を担っていることを理解する。	・消費者の利益の擁護や増進について国は消費者支援を推進する役割を担っていることを理解している。（知技）
7	◆**環境保全と政府の役割** 個人の生活や産業の発展に伴う公害などの環境汚染や自然環境の破壊の発生、人類の福祉貢献という視点からの環境保全の重要性について理解する。	・人類の福祉貢献という視点からの環境保全の重要性について理解している。（知技）

公民的分野

授業展開例(第5時)

(1) パフォーマンス課題

> あなたは政府が主催する「これからのよりよい社会を考える討論会」に参加している一般市民の一人です。ここでは,これからの社会の様々な変化を見据えてよりよい社会の在り方について様々な立場の市民が集まって討論しています。討論会では社会保障と財政との関係についての議論が深まってきており,高齢者層を代表する市民はこう述べています。
>
> > 日本は,世界でもトップクラスの少子高齢社会となっています。こうした中で社会保障の充実を望む国民の声が多くなりました。私も,これからの生活を考えると不安なことが多いです。今こそ,この少子高齢化社会における社会保障の充実や安定化を実現することが,これからのよりよい社会をつくることになるのではないでしょうか。
>
> この意見に対して,勤労者層を代表する市民は反論しました。
>
> > 社会保障の充実や安定化は,大変望ましいことです。しかし,国としてこれだけのことをするためには財源が必要です。この財源の大部分は我々が納める税収ですが,今の日本の歳入のうち税収が占める割合は半分強くらいで,残りは国債という借金でまかなわれています。この状況が,果たしてこれからのよりよい社会をつくることになるのでしょうか。そして,歳出の約三割は社会保障に,約二割半は国債の返済に使われています。これまでに発行した国債の残高は積み上がるばかりで,今の世代の借金を将来の世代に大量に回している状況です。こうした財政の問題を解決することこそ大切なのではないでしょうか。
>
> こうした討論の中で,あなたは財政の現状や少子高齢化など現代社会の特色をふまえた持続可能な財政の在り方について意見を求められました。これまでの討論(公民的分野の学習)を活かしながら,あなたの意見を主張してください。

(2) ルーブリック

	パフォーマンスの尺度(評価の指標)
A	・B評価の基準を満たしつつより現実的で独創性があり,多面的・多角的な深い思考が見られる。
B	・財政のこれからのあるべき姿について,納税者としての自分の将来と関わらせながら,国民が受ける公共サービスの便益とそれにかかる費用の負担の両立を目指した財政の持続可能性を意識して論理的に論じられている。
C	・論述の一部または全体においてB評価の基準に満たない部分を含んでいる。

(3) 授業の流れ

　本時は，第4時の学習を受け，見えてきた社会保障の充実や安定化とそれを支える財源としての税制・財政のよりよい在り方を追究する学習を行う。第5時のパフォーマンス課題を実施する際は，第4時で活用した資料やワークシートなどを手がかりとして取り組ませる。

　財政に関しては，財務省や国税庁，各地域の租税教育推進協議会などから多くの資料が提供されている。各種のパンフレットだけでなく，ホームページなどにも資料が充実しているので活用するとよいだろう。第5時でも活用できそうな資料を例として示しておく。

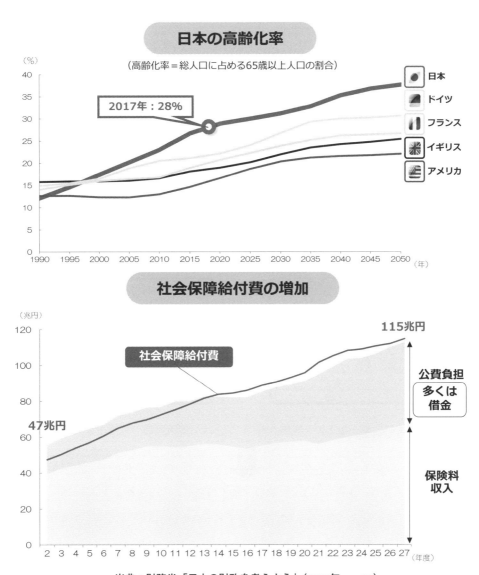

出典：財務省「日本の財政を考えよう」（2018年，p.15）
https://www.mof.go.jp/budget/fiscal_condition/related_data/zaisei201804.pdf

①導入

　冒頭で前時に学習した社会保障の充実と財源の問題について振り返る。この2つは相対する部分があるが，どちらもこれからの社会をよりよいものにしていくためには，両立させていかなければならないことに気づかせながら，本時のパフォーマンス課題を提示する。

　パフォーマンス課題を説明したら対立している二つの主張を，ワークシートを活用しながら整理していく。パフォーマンス課題の中で示されているそれぞれの主張は一部分だけなので，グループでそれぞれの置かれた立場に立ちながら主張を深めていく。グループを2つに分け，分担して考えたものをグループ内で発表させてもよいだろう。これまでの公民的分野の学習を思い出させながら進めていく。

②展開

　それぞれの主張の整理ができたら，自身の主張の思考に入る。ワークシートを活用して相対する主張の融合点を見つけさせる。二者択一ではなく二つの主張の間のどこに融合点を見つけるのかという発想である。人によっては社会保障の充実寄りの主張であったり，財政問題の解決寄りであったりすると思うが，事実に基づきながら論理的に導いた自身の主張を考えさせたい。

①：それぞれの主張を整理しよう。

高齢者層を代表する市民の主張	勤労者層を代表する市民
・少子高齢化が進行し，人口減少とともに老年人口比率が増加する ・人口の多くを占めるようになる高齢者の福祉は国民の大きな希望	・国債の大量発行は借金の先送りであり，将来の世代を苦しめる ・家族をもつ勤労世帯にはこれ以上の負担は厳しく豊かさが失われる
結論：社会保障の充実や安定化の実現	結論：国債残高の累積など財政問題の解決

↓

②：双方の主張をふまえ，持続可能な財政の在り方を考えよう。

（実際のワークシートでは，十分な記入らんをとる）

本時で活用するワークシートの例

成果物の具体例と評価のポイント

①評価基準Aの具体例

　A評価は，B評価の基準を満たしたうえで，現実的で独創性があり，多面的・多角的な深い思考が見られることが評価のポイントである。

　右の例は，勤労世帯の納税者の立場から財政を健全化して先送りを少しでも改善することが持続可能な財政の在り方であると主張し，その具体策を論理的に示しているのでB評価の基準を満たしていると判断する。そのうえで前年を上回る発行の禁止や消費税率上昇と関連づけながら企業の社会的責任に位置づけた福祉目的税の導入，さらに民間の社会保険制度をしくみとして活用しながら社会保障関係費を社会福祉費に充填するという社会保障制度における民間と政府の住み分けを提案している。これらの記述は現実的で独創性があり，多面的・多角的な深い思考であると判断し，A評価とした。

> 私たちも近い将来，本格的な納税者となります。そのときに過去の借金を私たちの税負担から返済し，公共サービスが硬直化することは豊かな社会を実現する持続可能な財政の在り方とはいえないでしょう。財政を健全化して先送りを少しでも改善することが持続可能な財政の在り方だと考えます。そこで国債の発行は慎重に検討し前年を上回る発行は禁止とします。また，消費税率の上昇も控えているので個人からの増税は控え，代わりに企業の社会的責任として福祉目的税を新たに課すことにします。福祉目的税の納税額は毎年公表し，企業の好感度上昇につなげます。さらに，社会保障関係で多くを占めている社会保険を民間の保険制度を活用するようなしくみをつくり，その分を社会福祉費に充填して社会保障の充実も目指します。

②評価基準Bの具体例

　B評価は，財政のこれからのあるべき姿について，納税者としての自分の将来と関連づけられていること，国民が受ける公共サービスの便益とそれにかかる費用の負担の両立を目指した財政の持続可能性を意識していること，論理的に論じられていることが評価のポイントである。

　右の例は，社会保障の充実は民間の保険制度などを利用して自己責任の部分を強くし，借金の先送りのない財政の健全化が持続可能な財政の在り方であると主張し，上記の三つのポイントを満たすのでB評価とした。

> 私たちも近い将来，本格的な納税者となります。そのときに過去の借金を私たちの税負担から返済し，公共サービスが硬直化することは豊かな社会を実現する持続可能な財政の在り方とはいえないでしょう。財政を健全化して先送りを少しでも改善することが持続可能な財政の在り方だと考えます。もちろん，社会福祉の充実や安定化を実現することは大切ですが，個人のことなので自己責任で賄う部分があってもよいと考えます。民間の保険制度などを利用しながらでも充実は可能だと思います。

公民的分野

公民的分野

❼ 人間の尊重と日本国憲法の基本的原則

日本の政治が日本国憲法に基づいて行われている理由を弟に説明しよう

生徒に身につけさせたい力

　大項目C「私たちと政治」は，大項目A「私たちと現代社会」を受けて，大項目B「私たちと経済」と並び，民主主義の基礎としての人権尊重や代表民主制に基づく民主政治の基本などについて取り扱い，それらの理解をもとに，主権者としての政治参加の在り方を考察し表現する。さらには，主権者として日本の民主政治の発展に寄与しようとする態度を養う。

　そして，この大項目は二つの中項目からなり，この中項目(1)「人間の尊重と日本国憲法の基本的原則」は，法の意義，法に基づく政治の重要性，日本国憲法の三大原則や天皇の地位と国事行為などの理解をもとに，日本の政治が日本国憲法に基づいて行われていることの意義について多面的・多角的に考察し表現する力を養う。このような学習を通じて，主権者として日本の民主政治の発展に寄与しようとする態度を養うのである。

単元の目標

　法の意義，法に基づく政治の重要性，日本国憲法の三大原則や天皇の地位と国事行為などを理解するとともに，日本の政治が日本国憲法に基づいて行われていることの意義について多面的・多角的に考察し表現する。また，主権者として日本の民主政治の発展に寄与しようとする態度を養う。

単元の評価規準

知識・技能
・民主政治の基本となる考え方をもとに，法の意義，法に基づく政治の重要性，日本国憲法の三大原則や天皇の地位と国事行為などの意味について理解している。
思考力・判断力・表現力
・日本の政治が日本国憲法に基づいて行われていることの意義について多面的・多角的に考察し表現している。
主体的に学習に取り組む態度
・日本国憲法の精神や基本原則に基づいて，主権者として日本の民主政治の発展に寄与しようとする態度を養っている。

単元の指導計画

時	主な学習活動	評価
1	◆人権思想と日本国憲法 人権思想が発展してきた経緯や日本国憲法に人権規定が大きく盛り込まれた背景について理解する。	・人権思想の経緯や人権規定が盛り込まれた背景について理解している。(知技)
2	◆自由権 日本国憲法における自由権の規定について理解する。	・自由権規定の内容について理解している。(知技)
3	◆平等権 平等権の規定と課題に対する取組について理解する。	・平等権規定の内容や課題について理解している。(知技)
4	◆平等権と差別問題 社会問題化している差別について，具体的に事例を挙げながらその解消に向けての努力を考える。	・差別問題の解消に向けての具体的な方策を考えている。(思判表)
5	◆社会権 人々の生活における社会権の重要性を理解する。	・生活における社会権の重要性を理解している。(知技)
6	◆人権を保障する権利 人権規定だけでなく，参政権や請求権など人権を保障する権利規定の重要性について理解する。	・人権を保障する権利規定の重要性について理解している。(知技)
7	◆新しい人権 社会の変化とともに求められる新しい人権規定についてその内容と求められる理由について理解する。	・新しい人権規定についてその内容と求められる理由について理解している。(知技)
8	◆国際的な人権保障 人権の国際的な規定が求められる理由と日本の対応について理解する。	・人権の国際的な規定が求められる理由と日本の対応について理解している。(知技)
9	◆公共の福祉と国民の義務 様々な人権規定と一体となった国民の義務や公共の福祉が設定されている理由について理解する。	・憲法に国民の義務や公共の福祉が設定されている理由を理解している。(知技)
10	◆日本国憲法に基づく日本の政治 日本の政治が日本国憲法に基づいて行われていることの意義について考える。	・日本の政治が憲法に基づいて行われている意義について考えている。(思判表)

※本中項目は，個人の尊重と法の支配，民主主義など，法に基づく民主政治の基本となる考え方を理解させる内容となっている。ここでは，その中から日本国憲法における基本的人権の規定について取り扱う部分を一つの小単元として設定し，これを事例として単元の指導計画を示す。

公民的分野

授業展開例（第10時）

（１）パフォーマンス課題

> あなたは，中学校三年生の生徒です。あなたには社会科好きの小学校六年生の弟がいます。ある日の夕食後，弟があなたの部屋にやってきて，こんなことをいいました。
>
> > ねぇ，今日の社会科の時間に日本国憲法について習ったよ。現在の日本の政治は，日本国憲法の基本的な考え方に基づいて行われているって先生はいっていたけど，なんで日本の政治は日本国憲法に基づいて行われているのかな？ 他にもたくさんの法律はあるし，天皇は何をしているの？ それに日本の政治は総理大臣がみんなのことを考えて進めているんじゃないの？
>
> 「また社会科好きの，いつもの質問攻めだ」と苦笑しながらも，中学校三年生としてや兄としてのプライドがありますので，きちんと答えてあげなければなりません。あなたは，「難しい質問だね。その質問にわかりやすく答えるには少し時間が必要だな。わかりやすく整理して説明するから，また後できな」といって，とりあえず弟を帰しました。
>
> 弟が帰った後，あなたは，「難しい質問をするなよな」と思いながらも，回答を考え始めます。すると，一学期の公民の時間に人間の尊重と日本国憲法の基本原則について詳しく学習したことを思い出しました。あなたは，教科書やノートをすぐに見直しました。そして，学習したことを振り返りながら，思考を整理したシートをつくります。そのシートをもとにして弟の質問に対する回答を考えるのでした。
>
> やっと回答ができた頃，また弟がやってきました。「ねぇ，さっきの質問の整理はできた？」するとあなたは，すぐに答えました。「いいところにきたね。整理できたよ。なぜ，日本の政治が日本国憲法に基づいて行われているのかというとね…」
>
> さて，この「…」に続く言葉は？ これまでの学習を活かして回答を考えましょう。

（２）ルーブリック

	パフォーマンスの尺度（評価の指標）
A	◆B評価の基準を満たしたうえで，日本国憲法の意義や内容，民主主義の基礎などについて深い理解をもって論じられている。
B	◆以下の三つの観点について，おおむね満足すると判断できる。 ・論理的な説明になっている。 ・個人の尊厳や人権の尊重についての重要性が適切に示されている。 ・日本国憲法の意義について理解したうえで述べられている。
C	◆B評価の三つの観点について，不十分と判断されるところを含んでいる。

（3）授業の流れ

①導入

　本時は，本単元の最終授業となり，単元全体を総括してパフォーマンス課題を実施するので，導入では，最初に単元の学習の整理を行う。歴史の授業を振り返りながら，民主主義の成立や人権思想が確立してきた経緯を短時間で確認したい。民主主義の基礎は，個人の尊厳と人権の尊重にあることや民主的な社会を営むためには，法に基づく政治の実現が大切であることなどを思い出させたい。また，戦争の惨禍を経験した後に登場した日本国憲法は，日本での民主政治実現のために，国民主権，平和主義，基本的人権の三大原則のうえに成り立つことなどについても軽く振り返る。

②展開

　振り返りが一通り終わったら，ワークシートを配付して本時のパフォーマンス課題を提示する。今回のパフォーマンス課題は，生徒自身と同じ中学校三年生として設定しているので，実感をもって取り組ませたい。小学校六年生の弟に，「なぜ，日本の政治が日本国憲法に基づいて行われているのか？」といった質問を受け，それに中学校三年生での学びを活かして回答するという設定である。小学校六年生からの質問としたのは，解説に「小学校社会科における『日本国憲法が国民生活に果たす役割』などの学習の成果もふまえ」とあり，小学校の学びも活かしながら中学生としてより高度な回答にするための思考を促すことをねらった。パフォーマンス課題を提示した際に，留意させてほしい。

　また，「一学期の公民の時間に人間の尊重と日本国憲法の基本原則について詳しく学習したことを思い出しました。あなたは，教科書やノートをすぐに見直しました」としたのは，このパフォーマンス課題を，本単元の総括的な課題として設定しているからである。第1時から第9時までの学習の成果を存分に活用して回答させたい。

　回答に向けての学習活動は，ワークシートを活用して思考を随時整理しながら進めていく。この活動は，論理的な思考を促すこととなる。まずは，導入での振り返りをもとに，ワークシートの前段にある四つの問いから整理する。この四つの問いは，民主政治と日本国憲法についての整理である。この部分は，グループなどで協働して取り組ませてもかまわない。お互いに学習の成果を持ち寄り，充実したものにしたい。併せて重要キーワードもメモさせる。この単元は，民主政治の原理や人権の尊重といった中学校三年生にとっては理解が難しい内容を扱っているので，この後に構築する論理の素となる事柄について明確に理解させておきたい。

　これらの整理をもとに，回答を論理的に構築していく。人間の尊重についての考え方を基本的人権を中心に深め，法の意義を明確にしながら民主的な社会生活を営むためには法に基づく政治が大切であることを論じる。また，日本国憲法が基本的人権の尊重や国民主権を基本的原則としており，日本国憲法は日本における民主政治の大原則を規定している最高法規である。

ゆえに，この日本国憲法に基づいて行われる政治こそ，日本における民主政治であるといった論理に近づけるよう学習支援をしていく。新学習指導要領の内容のア(ア)～(エ)の理解をもとに，内容のイ(ア)を思考し表現させるといった流れをイメージした。

なお，この課題を考えて回答することで，日本の政治が日本国憲法に基づいて行われているからこそ国民の自由と権利が守られ，民主的な政治が実現しているのであることに気づかせたい。この気づきから，次の中項目(2)「民主政治と政治参加」の学習につなげていく。

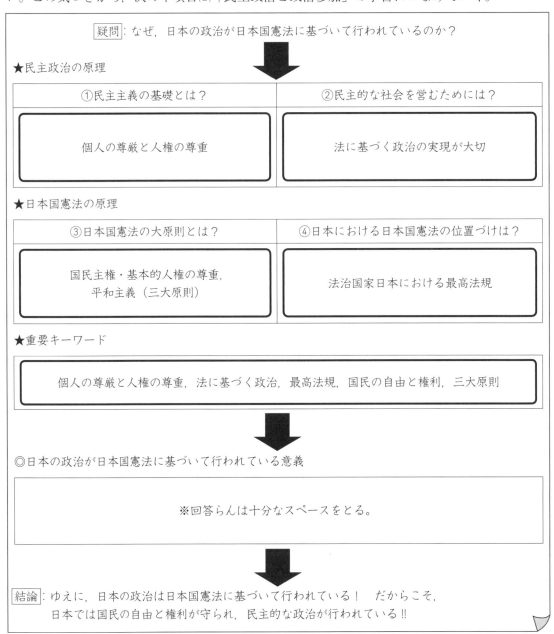

ワークシートの例

成果物の具体例と評価のポイント

①評価基準Aの具体例

　A評価は，B評価の基準を満たしたうえで，日本国憲法の意義や内容，民主主義の基礎などについて深い理解をもって論じられていることが評価のポイントである。

　右の例は，個人の尊厳や人権の尊重についての重要性，日本国憲法の意義を論理的に述べながら説明していることが読み取れるので，B評価の基準は満たしている。そのうえで，人はかけがえのない人生を個性豊かに人間らしく生きることが重要だからこそ個人の尊厳と人権の尊重は，民主主義の基礎となり，民主政治の土台となることや，日本国憲法に基づく政治が実現しているからこそ，国民の自由と権利が守られ，民主的な政治（国家運営）が行えていること，民主的な政治を行うためには，日本国憲法に基づいて政治を行う必要があることも論じ，深い理解をもって論じられていると判断し，A評価とした。

> 人はかけがえのない人生を個性豊かに人間らしく生きることが重要であり，そのために個人の尊厳と人権の尊重は，民主主義の基礎となり，民主政治の土台となります。さらに，民主的な社会を営むためには，国民の合意に基づく法による政治の実現が大切です。日本は民主国家であり，日本で個人の尊厳と人権の尊重は日本国憲法によって規定されています。民主主義の基礎であり，民主政治の土台を規定しているからこそ日本国憲法は最高法規であり，日本の政治は日本国憲法に基づいて行われているのです。逆にいえば，日本国憲法に基づく政治が実現しているからこそ，国民の自由と権利が守られ，民主的な政治（国家運営）が行えるといえるのであり，日本で民主的な政治を行うためには，日本国憲法に基づいて政治を行う必要があるのです。

②評価基準Bの具体例

　B評価は，論理的な説明になっていること，個人の尊厳や人権の尊重についての重要性が適切に示されていること，日本国憲法の意義について理解したうえで述べられていることの三つの観点について，おおむね満足すると判断できることが評価のポイントである。

　右の例は，個人の尊厳や人権の尊重についての重要性，日本国憲法の意義を論理的に述べながら説明していることが読み取れるので，B評価とした。

> まず，個人の尊厳と人権の尊重は，民主主義の基礎であり，民主政治の土台となるものです。さらに，民主的な社会を営むためには，法に基づく政治の実現が大切となります。日本は民主国家であり，日本で個人の尊厳と人権の尊重は日本国憲法によって規定されています。民主主義の基礎であり，民主政治の土台を規定しているからこそ日本国憲法は最高法規であり，日本の政治は日本国憲法に基づいて行われているのです。

公民的分野

公民的分野

⑱ 民主政治と政治参加

旅先で見た地域や住民の努力にならい、あなたの街の課題を解決しよう

生徒に身につけさせたい力

　この中項目は、大項目C「私たちと政治」の二つ目の中項目であり、中項目(1)「人間の尊重と日本国憲法の基本的原則」の学習を受けて、法に基づく民主政治の基本となる考え方に関する理解をもとに、地方自治や日本の民主政治の発展に寄与しようとする自覚や住民としての自治意識の基礎を育成することを目指している。

　ここでは、国会を中心とする日本の民主政治のしくみや政党の役割、議会制民主主義の意義、多数決原理とその運用の在り方、法に基づく公正な裁判の保障及び地方公共団体の政治のしくみや住民の権利と義務についての理解をもとに、地方自治や日本の民主政治の発展に寄与しようとする自覚や住民としての自治意識の基礎を育成することを目指して、民主政治の推進と国民の政治参加との関連を多面的・多角的に考察、構想し、表現する力を養う。

単元の目標

　国会を中心とする日本の民主政治のしくみや政党の役割、議会制民主主義の意義、多数決原理とその運用の在り方、法に基づく公正な裁判の保障及び地方公共団体の政治のしくみや住民の権利と義務について理解し、民主政治の推進と公正な世論形成や選挙などの国民の政治参加との関連を多面的・多角的に考察、構想し、表現するとともに、主権者として主体的に地方自治や日本の民主政治の発展に寄与しようとする自覚や住民としての自治意識の基礎を育成する。

単元の評価規準

知識・技能
・国会を中心とする日本の民主政治のしくみや政党の役割、議会制民主主義の意義、多数決原理とその運用の在り方、法に基づく公正な裁判の保障及び地方公共団体の政治のしくみや住民の権利と義務について理解している。
思考力・判断力・表現力
・民主政治の推進と公正な世論形成や選挙などの国民の政治参加との関連を多面的・多角的に考察、構想し、表現している。
主体的に学習に取り組む態度
・主権者として主体的に地方自治や日本の民主政治の発展に寄与しようとする自覚や住民としての自治意識の基礎を養っている。

単元の指導計画

時	主な学習活動	評価
1	◆私たちの暮らしを支える地方自治 私たちの生活と地方自治との関連について学校所在地を事例として追究し，より身近な民主政治を地方自治が担っていることについて理解する。	・地方自治の在り方やより身近な民主政治を地方自治が担っていることについて理解している。（知技）
2	◆地方公共団体の政治としくみ 私たちの生活の中での地方公共団体との関わりについて学校所在地を事例として追究し，地方公共団体のしくみや仕事について理解する。	・地方公共団体のしくみや仕事について国のしくみと比較しながら理解している。（知技）
3	◆地方財政のしくみと課題 私たちが生活する地方公共団体の財税状況について学校所在地を事例として追究し，そこから地方財政の課題と課題解決について考える。	・学校所在地を事例として地方財政の現状を捉え，地方財政の課題と課題解決について考察している。（思判表）
4	◆地方自治と住民参加のしくみ 地方公共団体が行う政治に対しての住民参加のしくみを国のしくみと比較しながら追究し，住民の権利と義務について考察する。	・直接請求権などのしくみを国と比較し，地方自治における住民の権利と義務について考察している。（思判表）
5	◆よりよい地方自治を目指して 民主政治の推進と地域住民の政治参加との関連について考察，表現する。	・民主政治の推進と地域住民の政治参加との関連を考察，表現している。（思判表）

※本中項目は，国会を中心とする日本の民主政治のしくみや政党の役割，議会制民主主義の意義や多数決原理とその運用の在り方，法に基づく公正な裁判の保障及び地方公共団体の政治のしくみや住民の権利と義務について理解させる内容となっている。ここでは，その中から地方公共団体の政治のしくみや住民の権利と義務について取り扱う部分を一つの小単元として設定し，これを事例として単元の指導計画を示す。

公民的分野

授業展開例（第5時）

（1）パフォーマンス課題

> あなたは全国を旅する青年です。あなたは全国各地を旅する中で，地域ならではの課題に対して，地域住民と地方公共団体が積極的に関わり合って解決に努力していることを知りました。環境保全に関する取組や観光振興の取組，交通機関の改善や商店街の活性化など内容は様々ですが，どれも地域の活性化や改善につながるものでした。その実現に向けての努力は，地域ならではの特色ある条例の制定や住民投票を行って実現したものなど，どれも地域住民の意志が反映されていることに気づきました。
>
> このような経験をしたあなたは，しばらくぶりに自宅に帰りました。すると，自宅のある地域でもいろいろな課題があるのが見えてきました。
>
> 「よし，あの旅先で見た地域や住民の方々の努力にならって，自分もこの地域をよりよいものにしていくぞ！」
>
> あなたは地方自治のしくみを活用しながら，あなたの地域の課題解決に向けて動き出すことを決意しました。そしてあなたは，あなたの地域の課題やその解決に向けてのプロセスを整理し，課題解決に向けて踏み出すのでした。
>
> 課題解決の取組を進めてから月日が流れました。課題解決の住民活動をする中で，あなたには民主政治の推進と地域住民の政治参加との関連が見えてきました。
>
> 「なぜ，民主政治の推進には地域住民の政治参加が必要なのかというのは，…だからだったのか!!」
>
> ここで課題です。あなたの地域での課題とその解決策を，地方自治のしくみを利用して考えるとともに，なぜ，民主政治の推進には地域住民の政治参加が必要なのかという問いに対する回答（文中の…の部分）を考えましょう。

（2）ルーブリック

	パフォーマンスの尺度（評価の指標）
A	◆B評価の基準を満たしたうえで，地域の課題を的確に捉え，その解決について深い考察をもって論じられている。
B	◆以下の三つの観点について，おおむね満足すると判断できる。 ・論理的な展開となっている。 ・手続きや財源の確保についても考えられている。 ・地域住民や地域全体の利益につながるものである。
C	◆B評価の三つの観点について，不十分と判断されるところを含んでいる。

（3）授業の流れ

①導入

　本時の学習は，前時までの4時間で学習したことを活用して実際に地域の課題を見つけ，地方自治のしくみに基づきながら解決策を考えるというものである。まず，パフォーマンス課題を生徒に提示し，対象地域を設定しよう。公立中学校で実施するのであるなら，学校所在地（生徒の居住地）の区市町村となる。都道府県レベルで考えさせてもよいが，規模が大きくなり，生徒の親近感が薄くなることが予想されるので，区市町村レベルが妥当だろう。私立中学校の場合は，学校所在地に限定してもよいし，生徒本人の居住区市町村で考えさせてもよい。資料の収集や学校の状況に合わせて決めてほしい。

　対象地域が決まったら，パフォーマンス課題の設定に合わせて，ワークシートを活用しながら課題を進める。課題の主人公を青年と設定したのは，一般社会人としての権利を行使できる年齢としつつ，生徒の意識に近い年齢層を考えた。社会人としての設定であるが，生徒には自分が実際に行動するという実感をもって主体的に考えさせるよう留意する。また，「あなたは全国各地を旅する中で，地域ならではの課題に対して，地域住民と地方公共団体が積極的に関わり合って解決に努力していることを知りました」としているので，教科書や資料集などに出ている，全国各地で実際に取り組まれている課題解決の事例を生徒に提示する。これは，住民自治の原則に基づき，各地で地域住民が地域づくりに参画し，地域が改善していっていることを生徒に実感させることや，住民が実際に地方自治に参加して地域を改善していく方法の具体例として捉えさせることをねらった。各時間の授業内容に合わせて，具体例として提示しておくと，本時の課題を考える際に参考となるだろう。

②展開

　一通りの準備が終わったら，課題の思考に入る。まず対象地域の課題を見つけよう。事前に用意させた（あるいは教師が用意した）資料をもとに課題を設定させる。区市町村の広報誌や財政状況を示した資料などが活用できる。また，生徒が日頃から感じている課題など生徒自身の実感から考えさせてもよい。この部分は事前課題として，家族と話し合ってこさせてもよいだろう。活用した資料についてもワークシートに記録させておく。

　課題が設定できたら，その解決策を考える。ただ漠然と考えさせるのではなく，課題が発生している背景や原因などについて考えさせ，そこから解決策につなげるよう指導する。ワークシートにも課題の背景や原因について記入できる場所をつくり，可視化しておくとよい。また，解決策を考えながら，その実現に向けて必要な手続きや財源の確保も同時に考えさせる。ここは前時までの学習を活かすところである。課題解決の手続きについては，直接請求権や条例の制定，住民運動への参加など，財源の確保については現在の地方財政が抱えている課題などに配慮し，より現実的な回答となるよう支援していく。

```
┌─────────────────────────────────────────────────────────────┐
│           ★あなたの街の課題をあなたの手で解決しよう！★          │
│ ①あなたの街の課題                                              │
│ ┌─────────────────────────────────────────────────────────┐ │
│ │                                                         │ │
│ └─────────────────────────────────────────────────────────┘ │
│ ┌─────────────────────────────────────────────────────────┐ │
│ │ 調べた資料：                                             │ │
│ └─────────────────────────────────────────────────────────┘ │
│ ┌─────────────────────────────────────────────────────────┐ │
│ │ 課題の背景や原因                                         │ │
│ │                                                         │ │
│ └─────────────────────────────────────────────────────────┘ │
│                            ▼                                │
│ ②課題の解決策（あなたの提言）                                  │
│ ┌─────────────────────────────────────────────────────────┐ │
│ │              ※必要なスペースを確保する。                 │ │
│ └─────────────────────────────────────────────────────────┘ │
│                            ▼                                │
│ ③必要な手続きと財源                                           │
│ ┌────────────────────────┬────────────────────────────────┐ │
│ │     必要な手続き         │         必要な財源              │ │
│ ├────────────────────────┼────────────────────────────────┤ │
│ │                        │                                │ │
│ └────────────────────────┴────────────────────────────────┘ │
│ まとめ：なぜ，民主政治の推進には地域住民の政治参加が必要なのか？  │
│ ┌─────────────────────────────────────────────────────────┐ │
│ │              ※必要なスペースを確保する。                 │ │
│ └─────────────────────────────────────────────────────────┘ │
└─────────────────────────────────────────────────────────────┘
```

ワークシートの例

③まとめ

　ここでは，まとめの項目である「なぜ，民主政治の推進には地域住民の政治参加が必要なのか？」という問いを考えさせる。この課題を通じて生徒に民主政治を推進するためには，公正な世論の形成（地方自治ならば住民運動）や選挙などの国民の政治参加（地方自治ならば直接請求権の行使や首長や地方議員の選挙など）が必要となることや，国民の意志を国政や地方の政治に十分反映させることが必要であることに気づかせ，主権者として主体的に地方自治や日本の民主政治の発展に寄与しようとする自覚や住民としての自治意識の基礎を育成する。

成果物の具体例と評価のポイント

①評価基準Aの具体例

　A評価は，B評価の基準を満たしたうえで，地域の課題を的確に捉え，その解決について深い考察をもって論じられていることが評価のポイントである。

　右の例は，B評価に関する観点を満たしたうえで，コミュニティバスの本数及び路線の増加とパークアンドライドの導入を同時に行うことで駐車場利用料金をバス運行の資金に回すアイデアが提案されている。また，料金増額に対して高齢者料金を設定して配慮していることや，SNSを活用した住民運動を展開することなど工夫をこらしたアイデアが提案されている。この部分を深い考察と捉え，A評価と判断した。

②評価基準Bの具体例

　B評価は，論理的な展開となっていること，手続きや財源の確保についても考えられていること，地域住民や地域全体の利益につながるものであることの三つの観点について，おおむね満足すると判断できることが評価のポイントである。

　右の例は，手続きや財源の確保については，利用者増と施策重点化によるものをねらい，住民運動で進めていくことが述べられている。また，地域住民や地域全体の利益については，利便性の向上と渋滞や駐輪問題の緩和が考えられ，全体として論理的に説明されているので，B評価と判断した。

> 私が生活する市は南北に細長く，鉄道の駅は南部に一つしかありません。この駅前から北部に向かうバス路線が重要な交通機関なのですが，バス路線が通らないところは，交通が非常に不便です。そのため駅前は送迎の車による渋滞や自転車の駐輪が問題となっています。この対策として市はコミュニティバスを運行していますが，路線も本数も少なく，不便なままです。そこで私は，コミュニティバスの本数及び路線の増加とパークアンドライドの導入を提案します。バスの財源は駐車場利用料金を活用します。また，多少の料金増額はしつつも高齢者料金を設定して配慮します。これを，SNSを活用した住民運動にして高め，実現したいと思います。

> 私が生活する市は南北に細長く，鉄道の駅は南部に一つしかありません。この駅前から北部に向かうバス路線が重要な交通機関なのですが，バス路線が通らないところは，交通が非常に不便です。そのため駅前は送迎の車による渋滞や自転車の駐輪が問題となっています。この対策として市はコミュニティバスを運行していますが，路線も本数も少なく，不便なままです。そこで私は，コミュニティバスの本数及び路線の増加を提案します。財源は利用者の増加で確保でき市の重点施策となれば予算も増額されます。住民運動を進めて実現したいと思います。

公民的分野

公民的分野

⑲ 世界平和と人類の福祉の増大

総理大臣になって，軍縮や国際平和に向けての国際貢献を考えよう

生徒に身につけさせたい力

　この中項目は，大単元D「私たちと国際社会の諸課題」のうちの最初の中項目である。本単元である中項目(1)「世界平和と人類の福祉の増大」は，世界平和の実現と人類の福祉の増大のためには，国際協調の観点から，国家間の相互の主権の尊重と協力，各国民の相互理解と協力及び国際連合をはじめとする国際機構などの役割が大切であることや地球環境，資源・エネルギー，貧困などの課題の解決のために経済的・技術的な協力などが大切であることを理解させる。そのうえで，我が国の安全と防衛，国際貢献を含む国際社会における我が国の役割について多面的・多角的に考察，構想し，表現する力を養う。さらに，現実の国際社会に対する関心を高め，世界平和を確立するための熱意と協力の態度を養う。

単元の目標

　国家間の相互の主権の尊重と協力，各国民の相互理解と協力及び国際連合をはじめとする国際機構などの役割が大切であることや地球環境，資源・エネルギー，貧困などの課題の解決のために経済的・技術的な協力などが大切であることを理解するとともに我が国の安全と防衛，国際貢献を含む国際社会における我が国の役割について多面的・多角的に考察，構想し，表現する。

単元の評価規準

知識・技能
・国家間の相互の主権の尊重と協力，各国民の相互理解と協力及び国際連合をはじめとする国際機構などの役割が大切であることや地球環境，資源・エネルギー，貧困などの課題の解決のために経済的・技術的な協力などが大切であることを理解している。
思考力・判断力・表現力
・我が国の安全と防衛，国際貢献を含む国際社会における我が国の役割について多面的・多角的に考察，構想し，表現している。
主体的に学習に取り組む態度
・現実の国際社会に対する関心を高め，戦争や地域紛争を防止し世界平和を確立するための熱意と協力の態度を養っている。

単元の指導計画

時	主な学習活動	評価
1	◆国際社会における主権国家 国際関係の成り立ちを国際社会における国家と主権の考え方から理解し，領土問題について考察する。	・国際社会での国家と主権の考え方をもとに領土問題について考察している。（思判表）
2	◆国際連合の目的としくみ 世界平和と人類の福祉の増大の実現に向け国際連合が果たす役割について理解する。	・世界平和と福祉増大に向け国際連合が果たす役割について理解している。（知技）
3	◆グローバル化と地域統合 グローバル化する社会において地域統合や地域協力の動きが活発化する様子について理解する。	・グローバル社会での地域統合や地域協力の活発化について理解している。（知技）
4	◆国際社会における宗教と政治 現代社会の中で宗教と政治との関係や問題点について理解し，その解決を考察する。	・現代社会における宗教と政治の問題点についてその解決を考察している。（思判表）
5	◆世界の戦争と平和 現代社会における戦争と平和についての課題を追究し，その解決について考察する。	・戦争と平和についての課題を追究し，その解決について考察している。（思判表）
6	◆軍縮と日本の平和 世界の軍縮への動きや課題について理解し，軍縮に対する日本の責務について考察する。	・課題の理解をもとに世界の軍縮に対する日本の責務について考察している。（思判表）
7	◆現代における貧困の問題 世界の貧困の状態について理解し，その解決や日本の貢献について考察する。	・世界の貧困の理解をもとにその解決や日本の貢献について考察している。（思判表）
8	◆グローバル化社会での資源・エネルギー 有限である資源の有効な利用やこれからの安定的な資源・エネルギー利用について考察する。	・資源の有効利用や安定的な資源・エネルギー利用について考察している。（思判表）
9	◆地球規模での環境問題 地球規模の環境問題が深刻化する現状について理解し，その解決について考察する。	・地球規模の環境問題の理解をもとにその解決について考察している。（思判表）
10	◆国際社会における我が国の役割 我が国の安全と防衛，国際貢献を含む国際社会における我が国の役割について考察，構想し，表現する。	・国際社会における我が国の役割について考察，構想し，表現している。（思判表）

公民的分野

授業展開例（第10時）

(1) パフォーマンス課題

> あなたは日本の総理大臣です。あなたは今，国連総会に出席しています。国連総会では世界の紛争や核保有の状況，地域統合や資源・エネルギー問題，環境問題など世界規模での様々な課題が報告され，それらについての議論が行われています。
>
> そうした中，あなたは日本を代表して，世界でもっとこれからの世界を持続可能にしていくためには，軍縮や世界平和を進めるべきであるという内容の主張を行いました。それを聞いていた核保有国や紛争当事国の代表から「他国からの攻撃に備えて核を手放すことはできない」や「核の保有によって世界平和が保たれている」「領土や信条，命を自分の力で守るのは国民として当然の権利だ」といった主張を受けました。主張の内容は当事国の状況を考えるとその気持ちを理解できなくもないですが，しかし，戦争の惨禍を乗り越えてきた歴史や恒久の平和を謳った日本国憲法の精神を大切にしている日本の総理大臣という立場であると考えると，軍縮や世界平和を訴えることをやめるわけにはいきません。
>
> 核保有国や紛争当事国の代表の話を聞きながら，あなたは，日本が国際貢献をしながら戦争や紛争を防止し，世界平和を確立するための我が国の役割とは何かを考えました。そして，日本に何ができるのかと問いかけてくる核保有国や紛争当事国の代表に対して，日本が国際貢献することによって世界平和や軍縮をリードしていくことを約束しました。あなたは，これまでに調査してきた現代社会についての様々な情報や日本がたどってきた戦争に関する歴史などをもとに外務省の職員と協力しながら，日本ができる軍縮や国際平和に向けての国際貢献を考えましょう。

(2) ルーブリック

	パフォーマンスの尺度（評価の指標）
A	◆B評価の三つの観点を満たしたうえで，その一部または全体により深い思考や多面的・多角的な思考が見られる。
B	◆以下の三つの観点について，おおむね満足できる回答である。 ・実現可能な具体的なものである。 ・世界全体の平和につながるものである。 ・核保有国や紛争当事国が納得するものである。
C	◆現実的に実行が不可能なもの，具体的でないもの，一部の平和のみを求め，世界全体の平和につながらないもの，核保有国や紛争当事国の立場からは納得がいかないものといった要素がある。

（3）授業の流れ
①導入
　まず，これまでの学習の成果を振り返る。本単元では，世界平和の実現と人類の福祉の増大のためには，国際協調の観点から，国家間の相互の主権の尊重と協力，各国民の相互理解と協力及び国際連合をはじめとする国際機構などの役割が大切であることや地球環境，資源・エネルギー，貧困などの課題の解決のために経済的・技術的な協力などが大切であることを学んできた。教師の説話と生徒からの発言を交えながらクラス全体で振り返り，本時の学習に向けての雰囲気を盛り上げよう。そして，本時のパフォーマンス課題を提示する。世界全体ではすべての人々の安全を保障し，紛争解決や核軍縮を進めるといった世界平和の実現が望まれている。しかし，地域的な問題や思想・信条の対立の解決として武力が使われている事実を確認しながらパフォーマンス課題に補足する。

　この課題を考えるにあたって，一元的な見方で世界を捉え，考えることは好ましくない。世界をグローバルな視点とミニマムな視点の両方から捉えさせながらこの課題に取り組ませる。また，核保有国や紛争当事国の立場にも目を向かせよう。極めて地域的な理由がそこには存在するが，この立場を理解することが多面的で・多角的な思考の原点となる。

②展開
　展開部ではワークシートを活用して，思考を論理的に進めていく。まずは世界における様々な立場の人々の理解である。特に核保有国や紛争当事国の考え方を整理させる。生徒たちの常識では，核保有や戦争はいけないことであるだろうが，実際の社会はそううまくいっていないことに改めて気づかせる。そして，そこから「いけないことなのになぜ核保有や戦争を続けるのだろう？」といった疑問を引き出す。こうした思考から核保有国や紛争当事国の立場が理解できる。ここで核保有国や紛争当事国の考えを理解させることは，後に国際貢献を思考する際に，より多角的で核保有国や紛争当事国の立場にも配慮した客観的に考えさせることにつながるのである。

　次に，日本の立場についての理解を進める。我が国の歴史や日本国憲法制定の学習の成果を活用しよう。新学習指導要領では，内容イ(ア)で「日本国憲法の平和主義を基に」とあり，解説では「内容のＣの『(1)人間の尊重と日本国憲法の基本的原則』における平和主義の原則についての学習との関連を図り，日本国民が，第二次世界大戦その他過去の戦争に対する反省と第二次世界大戦の末期に受けた原爆の被害などのいたましい経験から，政府の行為によって再び戦争の惨禍が起こることのないように望み，平和を愛する諸国民の公正と信義に信頼して，国の安全と生存を保持しようと願い，国際紛争解決の手段としての戦争を放棄し，陸海空軍その他の戦力を保持しないことを決意したこと，そして人類が，ひとしく恐怖と欠乏から免れ，平和のうちに生存することを心より願っていることについて理解を深めること」とあり，核保有

国や紛争当事国がある一方で、度重なる戦争の惨禍を経験し、その反省に立って平和主義を基本的原則の一つとする日本国憲法を制定した平和国家日本の国際的な立場についてもしっかりと理解させておきたい。

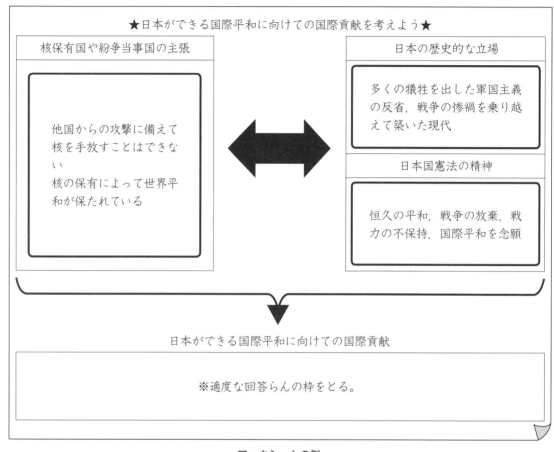

ワークシートの例

　ワークシートに記入しながら、それぞれの立場の分析が終わったら、いよいよ日本ができる国際平和に向けての国際貢献の検討に入る。ルーブリックでは、実現可能な具体的なものであること、世界全体の平和につながるものであること、核保有国や紛争当事国が納得するものであることの三つが観点として示されているので、これに留意しながら思考させる。この思考の際は、これまでに学習した、すでに日本が行っている様々な国際貢献を思い出させる。これらのよい点や問題点などを分析する中で、新たなアイデアを考えさせるとスムーズに考えられる。時間に余裕があれば、ワークシートに日本が行っている様々な国際貢献の成功点や問題点を整理するところを設け、検討させてもよいだろう。

　また、内容イ(ア)の文末に「構想し」とある。日本ができる国際平和に向けての国際貢献が、未来に向けての発展的な内容となるよう指導したい。この課題を通じて、世界の平和と人類の福祉の増大のために熱意と協力の態度も育成していく。

成果物の具体例と評価のポイント

①評価基準Aの具体例

A評価は，B評価の三つの観点を満たしたうえで，その一部または全体により深い思考や多面的・多角的な思考が見られることが評価のポイントである。

右の例は，これまで行ってきた国際貢献のうえに，豊かさを確保できる支援を行うというものである。B評価の三つの観点については，おおむね満足できると判断する。そのうえで対立の根源を掘り下げ，豊かさの確保に着目した点は，より深い思考だろう。また，自衛隊の海外派遣については一部で論議もある中，医療，食糧，住環境，衛生など生活の基本的な部分の支援であれば問題はない。憲法第九条に照らしても問題はない具体的でより深い思考による回答であると判断し，A評価とした。

> これまで日本は戦争の惨禍を経験した唯一の被爆国としての立場から世界平和を訴え，人，物，金の支援を進めてきた。そのうえで世界各国に豊かさをもたらす努力が必要なのではないか。日本も振り返れば豊かさが失われてきた中で，豊かさを求めて戦争の道を進んだ経緯がある。現代の日本は，戦後の豊かさを確保できたからこそ，今の平和な日本があるのではないだろうか。紛争当事国については，国際連合などの組織を利用して停戦合意させ，その中で国民を救い，豊かさを確保できる支援をODAとして積極的に行う。医療，食糧，住環境，衛生など生活の基本的な部分を支援し，平和へと向かう心の余裕を生み出していく。そして，余裕の中で平和的な外交交渉で紛争の原因を解決していく。

②評価基準Bの具体例

B評価は，実現可能な具体的なものであること，世界全体の平和につながるものであること，核保有国や紛争当事国が納得するものであることの三つの観点についておおむね満足できることが評価のポイントである。

右の例は，世界各国が一定量を同時に軍縮するしくみを取り入れるというものである。世界同時となれば，核保有国や紛争当事国の抑止論や対抗論は成り立たなくなるし世界全体の平和につながるだろう。また，実施について国連などの全世界的な機関の活用や制裁のしくみなどは実現に向けてのアイデアである。よって，B評価と判断した。

> これまで日本は戦争の惨禍を経験した唯一の被爆国としての立場から世界平和を訴え，人，物，金の支援を進めてきた。しかし，核や軍備といった負の均衡によって世界の平和が維持されてきた。だからこそ，軍縮が進まないのである。そこで，かつてのロンドン海軍軍縮条約のように世界各国が一定量を同時に軍縮するしくみを取り入れてはどうだろうか。その計画と実行を非核三原則と平和憲法をもった日本がリードして行う。この案は，世界全体が同時に動くことが重要なので，ルールにしたがわない場合は，国連の制裁対象となるようなしくみをつくればよい。

公民的分野

公民的分野

⑳ よりよい社会を目指して

SDGsに基づき，課題解決に向けて方策と行動宣言をレポートしよう

生徒に身につけさせたい力

　本単元は，二つの中項目からなる大項目Dの単元であり，公民的分野及び中学校の社会科学習の最終単元となる。ここでは，持続可能な社会を形成することに向けて，地理的，歴史的，現代社会の三つの見方・考え方を統合した社会科的な見方・考え方を働かせ，課題の探究を進めながら私たちがよりよい社会を築いていくために解決すべき課題を多面的・多角的に考察，構想する力や，それをもとにした自分の考えを説明，論述する力を養う。さらに，中学校社会科の最終単元として，現実の国際社会に対する関心を高め，将来人類の一員としてよりよい社会を築いていく意欲と態度を養う。

　なお，本単元について新学習指導要領では，他の中項目とは異なり，知識や技能に関する具体的な内容は示していない。これは，これまでの社会科学習をはじめとする今までに習得した「知識及び技能」に基づいて展開されることを意味している。

単元の目標

　これまでの社会科学習をはじめとする今までに習得した「知識及び技能」を活用して，課題の探究を進めながら私たちがよりよい社会を築いていくために解決すべき課題を多面的・多角的に考察，構想する力や，それをもとにした自分の考えを説明，論述する力を養うとともに，現実の国際社会に対する関心を高め，将来人類の一員としてよりよい社会を築いていく意欲と態度を育成する。

単元の評価規準

知識・技能
・これまでの社会科学習をはじめとする今までに習得した「知識及び技能」について，学習活動に活用できるレベルで理解している。
思考力・判断力・表現力
・私たちがよりよい社会を築いていくために解決すべき課題を設定し，多面的・多角的に考察，構想している。
主体的に学習に取り組む態度
・現実の国際社会に対する関心を高め，将来人類の一員としてよりよい社会を築いていく意欲と態度を養っている。

単元の指導計画

時	主な学習活動	評価
1	◆SDGs について知ろう 国連関係機関の資料などを活用して，テーマであるSDGs の重要性について知り，今の地球はどのような課題を抱えているかをこれまでの社会科学習を思い出して個人及びグループで考え，発表するとともに，本時の学習をふまえ，地球的な課題に対して自己の考えを論述する。	・地球的課題の深刻さやSDGs の実現等について関心をもち，意欲的に学習課題を追究している。（態度） ・SDGs に関する知識を理解している。（知技）
2	◆SDGs の中から取り組む目標を決めよう SDGs の17の目標の中から優先的に取り組んでいきたいと思う目標を，1から3まで理由を示しながら順位をつけ，グループで自分の順位とその理由を発表し，意見交換をするとともに，本時までの学習をふまえてこれから解決策を考えたいと思う目標を一つ決め，その理由を論述する。	・資料を活用しながら自身が重要であると考える地球的課題の解決に向けての目標を主体的に考察している。（思判表）
3	◆探究する課題について調べよう 自身の課題について国連の資料やインターネットを使って実態を調べ，ワークシートに整理する。	・地球的課題の実態やその解決，SDGs の目標達成に向けて適切な情報を収集し，整理している。（知技）
4	◆中間発表を行い，改善点を見つけよう グループで中間発表を行い，お互いに改善点を話し合いながらグループで与えられた改善点をもとに，自身の課題に対する方策を改善する。	・意見交換をしながら自分の方策の改善を行い，課題解決に向けて主体的に考察している。（思判表）
5	◆改善点を活かしてレポートを作成しよう 中間発表や改善点を活かして，自身の課題についての方策と行動宣言を作成する。	・課題解決に向けての方策と行動宣言を主体的に考察，構想している。（思判表）
6	◆行動宣言を分析し，意識をより深めよう 個人の行動宣言を分析し，持続可能な社会の実現に向けての行動計画を学級全体で考えるとともに，様々な意見や行動計画を整理する中で，自己の課題解決の意識を高める。	・地球的課題の解決やSDGs の実現等について関心をもち，持続可能な社会の実現に向けて意欲的に追究している。（態度）

公民的分野

授業展開例（第1～6時）

（1）パフォーマンス課題

> あなたは国連日本支部の新人職員です。新人研修ミッションで，あなたは国連が採択したSDGs（持続可能な開発目標）に基づき，持続可能な世界を築くために自身の取組目標を立て，課題解決に向けての方策と行動宣言をレポートすることになりました。
>
> それぞれの課題をクリアしながらレポートと行動宣言を完成させ，国連総会で発表してください。新人研修ミッションは，以下の通りです。

研修会	ミッションの内容
1日目	◆SDGsについて知ろう 資料を活用してテーマであるSDGsの重要性について知る。
2日目	◆SDGsの中から取り組む目標を決めよう SDGsを参考にして，自身が取り組むべき地球的な課題を決める。
3日目	◆探究する課題について調べよう 自身の課題について国連の資料やインターネットを使って実態を調べる。
4日目	◆中間発表を行い，改善点を見つけよう グループでお互いに中間発表を行い，改善点を探る。
5日目	◆改善点を活かしてレポートを作成しよう 改善点を活かして，自身の課題についての方策と行動宣言をレポートする。
6日目	◆行動宣言を分析し，意識をより深めよう 各自の行動宣言を分析し，持続可能な社会の実現に向けて，考えを深める。

> なお，この研修を一定の成績で終了した者は，日本各地の国連機関でさらに研修を進めることとなります。新たな研修では，今回の研修の成果を存分に活かしながら，持続可能な世界の実現に向け，さらなる努力を続けてください。

（2）ルーブリック

	パフォーマンスの尺度（評価の指標）
A	・B評価の基準を満たしたうえで，より具体的かつ現実的な深い考察，構想ができていることが読み取れる。
B	・今までに習得した「知識及び技能」を活用して，よりよい社会を築いていくために解決すべき課題を多面的・多角的に考察，構想し，自分の考えを説明，論述している。
C	・今までに習得した「知識及び技能」を活用していなかったり，多面的・多角的な考察，構想になっていないと判断される。

（3）授業の流れ

①第1時
　まずは資料などを活用してSDGsについて知ることから始める。国連関係機関のHPには動画などを含め様々な資料があるので，活用するとよい。ここでは，今，なぜSDGsが叫ばれているかについて気づかせる。パフォーマンス課題はこの時点で生徒に提示し，この単元の学習全体を通して課題に取り組ませる。

　そして，今の地球では，どのような課題を抱えているかを個人で考えさせる。このときには，これまでの社会科学習すべてを思い出して考えさせる。また，生徒は環境破壊に囚われがちなので，暴力や差別，不平等といった視点を与え，地球環境だけでなく様々な地球的な課題があることに気づかせる。個人で考えたら，グループでそれぞれの考えを出し合い，意見交換をさせる。自分が気づかなかった視点や課題にふれることで，自己の思考を深めさせる。

②第2時
　第2時は，前回の授業で感じたことや考えたことを発表するところから始める。前回のワークシートの感想欄を見て，よかった生徒に発表させたりする。次に，SDGsの17の目標の中から優先的に取り組んでいきたいと思う目標を，1から3まで理由を示しながら順位をつける。このとき，各種の資料を活用してそれぞれの課題の実態を捉えさせたい。

　個人の考えがまとまったら，グループで自分の順位とその理由を発表し，意見交換をする。ここでも様々な考え方にふれることで，自身の考えを深めさせる。その後は，グループで主だった意見を発表し，本時までの学習をふまえ，これから解決策を考えたいと思う目標を一つ決め，その理由を論述する。

③第3時
　第3時は，個人で決めた目標の実現に向けて，その実態を調べる時間である。図書室の資料などを活用する他，国連関係機関のHPなどを参考に進める。なお，調べる時間は，授業を実施する学校の状況に合わせて時間数を増やしたり，授業外の時間を活用したりするなど弾力的に調整してほしい。

④第4時
　第4時は，これまでの成果の中間発表を行い，グループでお互いに改善点を見つける時間である。ここでは，科学的な探究の過程や思考の過程を論理的に表現することを重視して改善点を出し合う。

　そして，グループで与えられた改善点をもとに，自身の発表原稿を改善する。

⑤**第5時**

　第5時は，いよいよ自身の課題についての方策と行動宣言を作成する。ここでは，中間発表や改善点を活かし，より深いものにさせたい。

⑥**第6時**

　第6時は，これまでの学習をさらに深める時間である。ここでは，各個人が考えた行動宣言をカードに記入し，「現在できることなのか，それとも将来できることなのか？」「個人でできることなのか，それとも社会全体で取り組むことなのか？」といった視点で分類して分析する。また，関連する行動宣言をまとめたり，新たにつくり出したりする。こうした行動宣言の分析によって持続可能な社会の実現に向けての行動計画を学級全体で深めるとともに，様々な意見や行動計画を整理する中で，自己の課題解決の意識を高めることをねらう。

　なお，前述の単元指導計画は6時間扱いで作成したが，新学習指導要領の内容の取扱いで「社会科のまとめとして位置付け，適切かつ十分な授業時数を配当すること」となっており，学校の置かれた状況や授業者の意図に合わせて工夫してほしい。

①地球が抱えている課題		
地球環境	暴力や差別	不平等

②SDGsの17の目標の中から優先的に取り組んでいきたいと思う目標		
1位：	2位：	3位：

③私が取り組む地球的な課題と目標（選んだ理由）

④私が取り組む地球的な課題について調べたこと

⑤課題に対する解決策

⑥課題に対する解決策を考える中で感じたことや考えたこと

⑦私の行動宣言

※回答らんは必要なだけのスペースをとる。

ワークシートの例

成果物の具体例と評価のポイント

①評価基準Aの具体例

A評価は，B評価の基準を満たしたうえで，より具体的かつ現実的な深い考察，構想が読み取れることが評価のポイントである。

右の例は，アフリカの問題を貿易相手国や自分の立場から捉え，自分の考えを論じているうえに，「だからこそSDGsの12番が大切」とあり，SDGsの大切さにつなげている。また，「フェアトレード商品を多くの人に知ってもらって，私たちがアフリカを支えていく必要があります」とあり，単に自分が行動するだけでなく，社会全体の行動につなげようとしている。行動宣言でも「学校から地域に紹介する」といった地域や組織を利用した行動を提唱しており，より具体的かつ現実的な深い考察，構想ができていると判断し，A評価とした。

> 私は，このレポートを書くにあたって地理で行ったアフリカの学習を思い出しました。アフリカの工業化の進んでいない国々では，貿易相手国からより安価な商品を求められることがあります。これでは自国の利益が少なくなり，生活が厳しくなります。だからこそSDGsの12番が大切だと思いました。この解決にはフェアトレード商品を多く流通させることが大切だと考えました。調べてみると日本でもかなりあるようですが，知名度はあまり高くありません。フェアトレード商品を多くの人に知ってもらって，私たちがアフリカを支えていく必要があります。
>
> ★私の行動宣言
> フェアトレード商品を積極的に買う。友達に勧める。学校から地域に紹介する。

②評価基準Bの具体例

B評価は，今までに習得した「知識及び技能」を活用して，よりよい社会を築いていくために解決すべき課題を多面的・多角的に考察，構想し，自分の考えを説明，論述していることが評価のポイントである。

右の例は，「アフリカの国々では，貿易相手国からより安価な商品を求められることがあります。これでは自国の利益が少なくなり，生活が厳しくなります」「まずは私がフェアトレード商品を買うことでアフリカを支えていく必要があります」とあり，この問題を貿易相手国や自分の立場から捉え自分の考えを論じているのでB評価とした。

> アフリカの学習で学んだフェアトレードについて興味をもちました。アフリカの国々では，貿易相手国からより安価な商品を求められることがあります。これでは自国の利益が少なくなり，生活が厳しくなります。これはSDGsの12番に関わる問題だと思います。この解決には，フェアトレード商品が大切だと考えました。調べてみると日本でもかなりあるようですが，あまり知られていません。まずは私がフェアトレード商品を買うことで，アフリカを支えていく必要があります。
>
> ★私の行動宣言
> フェアトレード商品を積極的に買う。

公民的分野

【著者紹介】

中野　英水（なかの　ひでみ）

1970（昭和45）年，東京生まれ。東京都板橋区立赤塚第二中学校主幹教諭。1993（平成5）年，帝京大学経済学部経済学科卒業。東京都公立学校準常勤講師，府中市立府中第五中学校教諭を経て，2013（平成25）年から現職。東京都教育研究員，東京都教育開発委員，東京教師道場リーダー，東京方式1単位時間の授業スタイル作成部会委員を歴任。現在，東京都中学校社会科教育研究会地理専門委員会委員長，全国中学校社会科教育研究会研究調査委員，関東ブロック中学校社会科教育研究会事務局員，東京都教職員研修センター認定講師，日本社会科教育学会会員。

【主な著書・執筆】

『社会科・中学生の地理〜世界と日本の国土〜』（共著），帝国書院，2016年
『中学校社会科重点学習事項100の指導辞典』（共著），明治図書，2013年
『平成29年改訂中学校教育課程実践講座・社会』（共著），ぎょうせい，2018年
『改訂版中学校教科別テンプレート集・社会』（共著），内田洋行，2010年
『中学校社会科地理の授業120時間』（共著），帝国書院，2016年
『中学生・高校生のための放射線副読本』（共著），文部科学省，2014年，2018年
「"人口"地図帳活用頻度UPクイズ」（『社会科教育』明治図書，2012年12月号）
「歴史地図を活用して日本の歴史を世界的・地理的視点から俯瞰する」（『社会科教育』明治図書，2018年8月号）
「共同的な学習で深める言語活動とその評価」（『中学校社会科のしおり』帝国書院，2012年1学期号）
「アクティブ・ラーニングを取り入れた地域の持続発展を主体的に考える力を育てる指導プラン」（『中学校社会科のしおり』帝国書院，2016年2学期号）
「評価研究〜社会科におけるパフォーマンス評価を考える〜」（『中学校社会科のしおり』帝国書院，2017年1学期号〜3学期号連載）
ほか

中学校社会サポートBOOKS
パフォーマンス課題を位置づけた
中学校社会の単元＆授業モデル

2019年2月初版第1刷刊	©著　者	中　野　英　水
2021年11月初版第3刷刊	発行者	藤　原　光　政

発行所 明治図書出版株式会社
http://www.meijitosho.co.jp
(企画)赤木恭平 (校正)㈱東図企画
〒114-0023　　東京都北区滝野川7-46-1
振替00160-5-151318　電話03(5907)6702
ご注文窓口　電話03(5907)6668

＊検印省略　　　組版所 株式会社アイデスク

本書の無断コピーは，著作権・出版権にふれます。ご注意ください。

Printed in Japan　　　　　ISBN978-4-18-070544-3

もれなくクーポンがもらえる！読者アンケートはこちらから
→

とっておきの雑談ネタで、生徒の心をわしづかみ！

授業をもっと面白くする！中学校歴史の雑談ネタ40

原田 智仁 著

生徒たちは、教師が授業の合間に話すちょっとした雑談が大好きです。本書は、「黒船来航はペリーが最初ではなかった？！」「西郷隆盛は平和論者だった？！」など歴史の魅力により迫るような、授業で使える楽しい雑談ネタを単元別に40事例収録しました。

四六判／176頁　1,700円＋税　図書番号：2758

授業をもっと面白くする！中学校地理の雑談ネタ40

井田 仁康 著

生徒たちは、教師が授業の合間に話すちょっとした雑談が大好きです。本書は、「シンガポールはガムの持ち込みNG？！」「世界最大の砂漠は南極？！」など地理の魅力により迫るような、授業で使える楽しい雑談ネタを単元別に40事例収録しました。

四六判／176頁　1,760円＋税　図書番号：2757

明治図書　携帯・スマートフォンからは **明治図書ONLINE** へ　書籍の検索、注文ができます。▶▶▶

http://www.meijitosho.co.jp　＊併記4桁の図書番号（英数字）でHP、携帯での検索・注文が簡単に行えます。

〒114-0023　東京都北区滝野川7-46-1　ご注文窓口　TEL 03-5907-6668　FAX 050-3156-2790

＊価格は全て本体価格表示です。

中学校社会サポートBOOKS

単元を貫く「発問」でつくる 中学校社会科授業モデル30

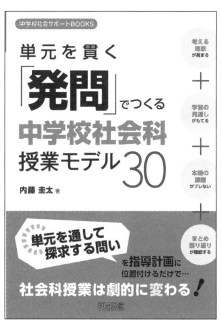

内藤 圭太 著

　思わず考えてみたくなるような問いによって学習課題が導かれ、単元を通して生徒が主体的に探求し続けるための発問事例と授業モデルを紹介します！

A5判／144頁　1,900円+税　図書番号：1933

15のストラテジーでうまくいく！中学校社会科 学習課題のデザイン

内藤 圭太 著

　社会科授業の柱となる、学習課題。本書は、生徒が主体的に学習課題をとらえるための工夫を提案し、他者との対話によって学習が深まる過程のデザイン化を試みました。

A5判／160頁　1,900円+税　図書番号：2130

明治図書　携帯・スマートフォンからは **明治図書ONLINEへ**　書籍の検索、注文ができます。▶▶▶

http://www.meijitosho.co.jp　＊併記4桁の図書番号（英数字）でHP、携帯での検索・注文が簡単に行えます。

〒114-0023　東京都北区滝野川7-46-1　ご注文窓口　TEL 03-5907-6668　FAX 050-3156-2790

＊価格は全て本体価格表示です。

中学校 新学習指導要領の授業づくり

国語
冨山哲也 著
152頁／1,800円+税　図書番号【2867】

社会
原田智仁 著
144頁／1,800円+税　図書番号【2866】

数学
玉置　崇 著
160頁／2,000円+税　図書番号【2864】

理科
宮内卓也 著
168頁／1,900円+税　図書番号【2865】

英語
本多敏幸 著
144頁／1,760円+税　図書番号【2868】

音楽
加藤徹也
山﨑正彦 著
168頁／2,000円+税　図書番号【2869】

道徳
柴原弘志
荊木　聡 著
168頁／2,000円+税　図書番号【2863】

改訂のキーマン、授業名人が新CSの授業への落とし込み方を徹底解説！

※全てA5判

明治図書　携帯・スマートフォンからは **明治図書ONLINE** へ　書籍の検索、注文ができます。▶▶▶
http://www.meijitosho.co.jp　＊併記4桁の図書番号でHP、携帯での検索・注文が簡単に行えます。
〒114-0023　東京都北区滝野川7-46-1　ご注文窓口　TEL 03-5907-6668　FAX 050-3156-2790